Kauderwelsch
Band 21

Reise Know-How
im Internet
www.reise-know-how.de
info@reise-know-how.de

*Aktuelle Reisetipps
und Neuigkeiten,
Ergänzungen nach
Redaktionsschluss,
Büchershop und
Sonderangebote
rund ums Reisen*

Der
Reise Know-How Verlag
Peter Rump GmbH
ist Mitglied der
Verlagsgruppe Reise Know-How

Kauderwelsch

Clemens Schrage

Brasilianisch

Wort für Wort

Impressum

Clemens Schrage
Brasilianisch – Wort für Wort
erschienen im
REISE KNOW-HOW Verlag Peter Rump GmbH
Osnabrücker Str. 79, D-33649 Bielefeld
info@reise-know-how.de

8. Auflage 2001

Bearbeitung Michael Blümke
Gestaltung Peter Rump
Fotos Dr. Chirly de Santos-Stubbe (Umschlag); Clemens Schrage
Druck und Bindung Fuldaer Verlagsagentur, Fulda

ISBN 3-89416-003-9
Printed in Germany

Dieses Buch ist erhältlich in jeder Buchhandlung der BRD, Österreichs, der Schweiz und der Benelux. Bitte informieren Sie Ihren Buchhändler über folgende Bezugsadressen:

BRD Prolit GmbH, Postfach 9, 35461 Fernwald (Annerod) sowie alle Barsortimente
Schweiz AVA-buch 2000, Postfach 27, CH-8910 Affoltern
Österreich Mohr Morawa Buchvertrieb GmbH Sulzengasse 2, A-1230 Wien
Benelux Assimil Benelux, 5-7 Rue des Pierres, B-1000 Bruxelles

Wer im Buchhandel kein Glück hat, bekommt unsere Bücher auch bei: **Rump Direktversand**, Heidekampstraße 18, D-49809 Lingen oder im Internet: **www.reise-know-how.de**
Zu diesem Buch ist auch eine **Begleitkassette-Kassette** erhältlich: **ISBN: 3-89416-419-0.** Näheres dazu auf S. 16.

Der Verlag will die Kauderwelsch-Reihe weiter ausbauen und **sucht Autoren** für „Französisch für Länder Afrikas“, Maori, Malayalam, Gujarati, Punjabi und vieles mehr.

Inhalt

Kauderwelsch-Sprechführer sind anders!

Warum? Weil sie Sie in die Lage versetzen, wirklich zu sprechen und die Leute zu verstehen.

Wie wird das gemacht? Abgesehen von dem, was jedes Sprachbuch bietet, nämlich Vokabeln, Beispielsätze etc., zeichnen sich die Bände der Kauderwelsch-Reihe durch folgende Besonderheiten aus:

Die **Grammatik** wird in einfacher Sprache so weit erklärt, dass es möglich wird, ohne viel Paukerei mit dem Sprechen zu beginnen, wenn auch nicht gerade druckreif.

Alle Beispielsätze werden doppelt ins Deutsche übertragen: zum einen **Wort-für-Wort,** zum anderen in „ordentliches" Hochdeutsch. So wird das fremde Sprachsystem sehr gut durchschaubar. Denn in einer fremden Sprache unterscheiden sich z. B. Satzbau und Ausdrucksweise recht stark vom Deutschen. Ohne diese Übersetzungsart ist es so gut wie unmöglich, schnell einzelne Wörter in einem Satz auszutauschen.

Die **Autorinnen** und **Autoren** der Reihe sind Globetrotter, die die Sprache im Land selbst gelernt haben. Sie wissen daher genau, wie und was die Leute auf der Straße sprechen. Deren Ausdrucksweise ist nämlich häufig viel einfacher und direkter als z. B. die Sprache der Literatur.

Besonders wichtig sind im Reiseland die **Körpersprache, Gesten, Zeichen und Verhaltensregeln,** ohne die auch Sprachkundige kaum mit Menschen in guten Kontakt kommen. In allen Bänden der Reihe wird darum besonders auf diese Art der nonverbalen Kommunikation eingegangen.

Kauderwelsch-Sprechführer sind keine Lehrbücher, aber viel mehr als Sprachführer! Wenn Sie ein wenig Zeit investieren und einige Vokabeln lernen, werden Sie mit ihrer Hilfe schon in kürzester Zeit Informationen bekommen und Erfahrungen machen, die den „taubstummen" Reisenden verborgen bleiben.

Vorwort

Die Sprache ist ein wesentlicher Teil der Kultur eines Volkes, d. h. der Wertvorstellungen, Normen, Gefühle und einiges mehr. Ohne Grundkenntnisse der Sprache kann eine Reise oder ein längerer Aufenthalt viel an Reiz verlieren.

Schon mit wenigen Wörtern und einigen Kenntnissen der Grammatik sind Sie in der Lage, aktiv am intensiven Leben der Brasilianer teilzunehmen. Ihre Freude, ihr Sinn für Humor, aber auch Traurigkeit treffen Sie nicht nur in der Musik, im Samba oder "Chorão", auch auf dem Markt oder im Bus.

Brasilien, ein Schwellenland, hat viele Gesichter. Man findet in Großstädten wie São Paulo (16 Mio. Einwohner), im Südosten des Landes, die Schweiz und die Sahelzone am gleichen Ort. Der Nordosten Brasiliens ist das Armuts- und Auswanderungsgebiet, und die größte Anzahl von Nordestinos in der gleichen Stadt findet man in São Paulo, nämlich 6 Mio.

Im Amazonasgebiet wird weiterhin lustig gebrandschatzt. Satelliten zählen täglich zwischen 10 000 und 20 000 Brandherde, was weltweit "nur" zu 5% des Kohlendioxyds beiträgt. (Allein die USA produzieren fünfmal mehr, jährlich).

Mitte 94 gab es noch eine Währungsreform, und die Währungseinheit heißt REAL. Die Inflation beträgt jetzt weniger als 2% im Monat (vorher bis 60%), was einen beträchtlichen Erfolg bedeutet. Hoffentlich bleibt es auch so.

"Deus é brasiliero", Gott ist Brasilianer, wird hier oft gesagt. Da ich jetzt wieder über fünf Jahre im Nordosten lebe, hege ich einige Zweifel daran. Wissenschaftlich wurde aber noch nichts bewiesen.

Einiges spricht jedoch dafür: um eine neue Religion zu gründen, benötigt man mindestens zwei neubekehrte Anhänger und eine Satzung. Für die Eintragung verlangt der Notar umgerechnet etwa 45 DM. Dann ist man von der Gebäude- und Mehrwertsteuer befreit. Für den Anfang dient als Tempel auch eine angemietete Garage. Falls Sie immer schon einmal Papst oder Päpstin werden wollten, hier haben Sie eine echte Chance.

Darüber und über vieles mehr wird man Ihnen erzählen, mit Humor und Selbstironie.
So auch Ihr Clemens Schrage

P. S.: Besonders danken möchte ich **Patrícia Dany Ceresa**, für die vielen Tips und Verbesserungsvorschläge in dieser Ausgabe des Sprachführers.

Brasilianisch, gibt es das?

Jeder anständige Professor für Romanistik wird empört sein, wenn er hört, daß Brasilianisch eine eigenständige Sprache sein soll. Ist sie eigentlich auch nicht, oder doch? In der Schweiz wird ja auch Deutsch gesprochen, aber verstehen kann ich die Leute kaum. Meistens überhaupt nicht. Bis ins 17. Jahrhundert wurde in Brasilien die **Lingua Geral** (Allgemeine Sprache) gesprochen, was eigentlich das **Guaraní** war, das bis heute in Paraguay gesprochen wird. Die portugiesische Sprache wurde erst zur allgemeinen Sprache durch die afrikanischen Sklaven. Diese kamen aus so vielen unterschiedlichen Stämmen, daß sie keine gemeinsame Sprache hatten. Gleichzeitig wurden sie von den Sklavenherren gezwungen, ihre eigene Kultur und Identität aufzugeben.

So entstand eine Sprache, die noch Portugiesisch war, aber bereichert wurde durch andere Kulturen. Die meisten Namen für Tiere und Pflanzen kommen in Brasilien aus dem **Tupí-Guaraní**. Auch viele Flüsse, Berge, Strände haben indianische Namen. Eine Person aus Rio de Janeiro wird als **Carioca** bezeichnet. Dieses Wort kommt aus dem Tupí - Guaraní und bedeutet "Weißes Haus".

Die Umgangssprache in Brasilien ist für Portugiesen nur teilweise verständlich. Nicht nur die Aussprache ist erheblich anders, auch der Wortschatz. Wenn der reiselustige Portugiese mit dem Zug fahren will, sagt er **Comboio**. Darunter versteht der Brasilianer eine "militärische Fahrzeugkolonne". Straßenbahn ist für den Portugiesen ein **Eléctrico**, für den Brasilianer **Bonde**. Eine Menschenschlange nennt der Portugiese **Bicha**. In Brasilianisch bedeutet das "schwul" und kann zu peinlichen Situationen führen. Ein lustiges Büchlein von Mario Prata, genannt "Schifaizfavoire - Dicionário de Português", von Editora Globo, zeigt etwas vom Ausmaß der Unterschiede.

Die Portugiesen haben in Brasilien etwa die Rolle unserer Ostfriesen. In zahlreichen Witzen ist der Portugiese immer einfältig, dumm, primitiv. Die Erklärung ist einfach: die portugiesischen Einwanderer unter der Diktatur von Salazar waren arm und ungebildet (gehalten). Der Brasilianer empfindet die portugiesische Aussprache als lächerlich. Und wahrlich: die brasilianische Aussprache ist viel schöner und musikalischer.

Die regionalen Unterschiede in der Aussprache sind nicht sehr groß und machen dem Neuling keine Schwierigkeiten. Der Brasilianer ist in der Regel sehr kommunikationsfreudig und versucht, den Fremden aus Deutschland zu verstehen, auch wenn dieser sich nur mit Händen und Füßen verständigen kann.

Also, Brasilianisch gibt es wirklich, auch wenn der Professor sich ärgert.

Aussprache, Betonung

Einige Laute kommen in der deutschen Sprache nicht vor und sollten deshalb geübt werden. Voraussetzung ist, daß man sie schon einmal gehört hat, z. B. von einer Sambaschallplatte.

Nasale Vokale

	klingt wie	Beispiel
ão	alemaun	**alemão**
ães	alemains	**alemães**
ões	ladroins	**ladrões**
ãos	mauns	**mãos**

Konsonanten

	klingt wie	Beispiel
c	k	**casa** (kasa)
ç	ss, vor a, e, i	**peça** (pessa)
ç	ss	**praça** (prassa)
g	g vor a, o, u	**pagar** (pagar)
	j vor e, i	**viagem** (viajem)
gu	gw vor a, e, i	**água** (agwa)
h	am Wortanfang tonlos	**homem** (omem)
lh	lj	**bilhete** (biljete)
nh	nj	**dinheiro** (dinjero)
qu	kw	**quarto** (kwarto)
	k vor e, i	**querer** (kerer)
r	Zungenspitzen-r	
rr	hr (gehauchtes h)	**terra** (tehra)

s	ch (nur in einigen Regionen)	
x	sch ks (in Ausnahmefällen)	**lixo** (lischo) **táxi** (taksi)
z	ß	**paz** (paiß)

Akzente

â, ô	geschlossen (wie in Haß, Hose)
à	langes a (wie in Nase)
é	wie ä
ê	langes e (wie in Tee)
o	offenes o (wie in Schloß)

In der Umgangssprache werden Anfangssilben oft verschluckt, z. B.: **estou cansado** (ich bin müde) klingt: "tô cansado"

Regionale Unterschiede in der Aussprache

In einem Land mit 4000 km Länge und Breite muß es Aussprache-Unterschiede geben. Die sind jedoch nicht so groß wie zum Portugiesisch in Portugal. So "singt" der **Nordestino** (Mensch aus dem Nordosten) mehr in der Intonation, und oft werden Endungen weggelassen. Z.B. **Mulher** (Frau) wird wie Muié ausgesprochen. An der Küste, z. B. in Rio, wird das **s** wie "sch" ausgesprochen. Endungen mit **e** klingen wie i. **leve** (leicht) klingt wie "levi". Ich halte es aber nicht für sinnvoll, die vielen kleinen Unterschiede zu erwähnen, weil es Ihnen den Zugang zur Sprache nicht erleichtert.

Betonung

Die Betonung liegt normalerweise auf der vorletzten Silbe. Falls nicht, wird dies meistens durch einen Akzent angedeutet.

Fünf Wörter, die Ihnen weiterhelfen

Am Anfang werden Sie gewisse Schwierigkeiten haben, die Verben **ser** und **estar** auseinanderzuhalten. Beide bedeuten "sein", werden aber in unterschiedlichen Situationen benutzt.

estar

bedeutet "sein" im Sinne von "sich befinden":

Eu estou no Brasil.
ich (ich-)bin in Brasilien
Ich bin in Brasilien.

oder Position:	**eu estou sentado** *ich (ich-)bin gesetzt* ich sitze	**eu estou em pé** *ich (ich-)bin am Fuß* ich stehe
oder Zustand:	**eu estou cansado** *ich (ich-)bin müde* ich bin müde	**estou descansado** *(ich-)bin ausgeruht* ich bin ausgeruht
oder Handlung:	**estou viajando** *(ich-)bin reisend* ich reise	

ser

"sein" im Sinne von Eigenschaften:

Eu sou alemão.
ich (ich-)bin deutsch
Ich bin Deutscher.

ser wird auch bei Zeitangaben benutzt:

Já é meia-noite.
schon (es-)ist Mitternacht
Es ist schon Mitternacht.

Já é meio-dia.
schon (es-)ist Mittag
Es ist schon Mittag.

São dez horas.
(sie-)sind zehn Stunden
Es ist zehn Uhr.

Já é tarde.
schon (es-)ist spät
Es ist schon spät.

não / sim

nein / ja

ter

haben

Eu não tenho dinheiro.
ich nicht (ich-)habe Geld
Ich habe kein Geld.

Eu não tenho onde morar.
ich nicht (ich-)habe wo wohnen
Ich habe keine Wohnung.

querer

wollen

Eu quero café com leite.
ich (ich-)will Kaffee mit Milch
Ich möchte Kaffee mit Milch.

Eu quero uma passagem para o Rio.
ich (ich-)will eine Fahrkarte nach der Rio
Ich möchte eine Fahrkarte nach Rio.

onde?

wo?

Onde é a estação rodoviária?
wo (sie-)ist die Station straßenverkehrisch?
Wo ist der zentrale Busbahnhof?

Nur keine Hemmungen beim Fragen. Der Brasilianer freut sich meistens, helfen zu können, wenn er es nicht gerade sehr eilig hat.

Artikel

a	die	Einzahl, weiblich
as	die	Mehrzahl, weiblich
o	der	Einzahl, männlich
os	die	Mehrzahl, männlich

um	ein	Einzahl, männlich
uns	einige	Mehrzahl, männlich
uma	eine	Einzahl, weiblich
umas	einige	Mehrzahl, weiblich
nenhum	kein	
nenhuma	keine	

Ein Neutrum gibt es nicht!

a pensão	die Pension
as passagens	die Fahrkarten
o trem	der Zug
os preços	die Preise
um almoço	ein Mittagessen
uns mapas	einige Landkarten
uma refeição	eine Mahlzeit
umas malas	einige Koffer
nenhum quarto	kein Zimmer
nenhuma carta	kein Brief

Não chegou nenhuma carta.
nicht gekommen kein Brief
Es ist kein Brief gekommen.

Não tem nenhum fax para o senhor.
nicht (ich-)habe kein fax für der Herr
Ich habe kein Fax für Sie.

Das Hauptwort (Substantiv)

Das Hauptwort kann aus dem Wörterbuch oder aus diesem Sprachführer unverändert eingefügt werden. Das Geschlecht der Substantive entnimmt man in der Regel der Endung des Wortes:

-o/os für männlich	**-a/as** für weiblich

Natürlich gibt es Ausnahmen, die jedoch beim ersten Kontakt mit der Sprache nicht so wichtig sind. Ein Beispiel ist: **o mapa** (die Landkarte), männlich, endet aber auf **a**.

Bei Lebewesen bestimmt in der Regel das natürliche Geschlecht den Artikel und die Endung des Wortes:

o menino	der Junge	**a menina**	das Mädchen
o alemão	der Deutsche	**a alemã**	die Deutsche

Weibliche Hauptwörter

Enden meistens auf **-a, -as**. Wenn das männliche Wort auf **-ão** endet, ist die weibliche Form **-ã**, wie beim letzten Beispiel oben.

Männliche Hauptwörter

Enden meistens auf **-o, -ão**:

o caminho	der Weg	**o pão**	das Brot

Mehrzahl

In der Regel wird einfach ein **s** an das Ende des Wortes gehängt:

o turista (der Tourist)	**os turistas**
a comida (das Essen)	**as comidas**

Wenn das Wort auf **-ão, -l, -m** endet:

alemão / alemães	Deutscher / Deutsche
o pão / os pães	Brot / Brote
o papel / os papéis	Papier / Papiere
o homem / os homens	Mensch / Menschen

Endet das Wort auf einen Konsonanten, wird **-es** angehängt:

a mulher / as mulheres	Frau / Frauen
o país / os países	Land / Länder

Persönliche Fürwörter

eu	ich
você (tu)	du
ele, ela	er, sie
nós	wir
vocês (vós)	ihr
eles, elas	sie (männl. und weibl.)

Der Brasilianer benutzt sehr selten das Fürwort **tu**. Die übliche Form ist **você** und man duzt sich sofort mit allen und überall. Ausnahmen sind Polizisten, Generäle und Kardinäle. In diesen Fällen wird die Person mit **o Senhor** oder **a Senhora** angesprochen. Zu Beginn eines Gespräches sollten Sie trotzdem jeden mit **o Senhor** oder **a Senhora** ansprechen. Eine sehr übliche Umgehungsform für **nós** ist **a gente** (die Leute).

Nós queremos viajar para Foz do Iguaçú.
wir (wir-)wollen reisen nach Foz do Iguaçú
Wir wollen nach Foz do Iguaçú reisen.

Umgehungsform:

A gente quer viajar para Foz do Iguaçú.
die Leute will reisen nach Foz do Iguaçú
Wir wollen nach Foz do Iguaçú reisen.
(Die dritte Person steht im Singular.)

Besitzanzeigende Fürwörter

Einzahl (männlich/weiblich)		Mehrzahl (männlich/weiblich)	
meu/minha	(mein/e)	**meus/minhas**	(meine)
teu/tua	(dein/e)	**teus/tuas**	(deine)
seu/sua	(sein/e)	**seus/suas**	(seine)
nosso/nossa	(unser/e)	**nossos/nossas**	(unsere)
vosso/vossa	(euer/e)	**vossos/vossas**	(eure)
seu/sua	(ihr/e)	**seus/suas**	(ihre)

meu passaporte / minha casa mein Paß / mein Haus

Hinweisende Fürwörter

este	diese	(in der Nähe)
esse	diese	(etwas weiter entfernt)
aquele	diese	(weit entfernt)

Einzahl		Mehrzahl	
männl.	weibl.	männl.	weibl.
este	**esta**	**estes**	**estas**
aquele	**aquela**	**aqueles**	**aquelas**

Sie können sich ruhig nur auf die Form **este/esta** beschränken:

Este ônibus está lotado.
dieser Bus ist voll
Dieser Bus ist voll.

Unbestimmte Fürwörter

alguém	jemand
algum	irgendeiner
alguma	irgendeine (w)
alguns	irgendeiner (Mehrzahl, m)
algumas	irgendeine (Mehrzahl, w)
ninguém	niemand
nenhum(a)	keine (w)

Präpositionen

a	nach, zu	**entre**	zwischen
a o = ao	nach, zu	**para**	für, nach
a a = à	nach, zu	**por**	durch, über, für
após (zeitl.)	nach	**sem**	ohne
até	bis	**sob**	unter
com	mit, bei	**sobre**	über
contra	gegen	**em + o = no**	im/in
de	von, aus	**em + a = na**	im/in
em	in, an, auf		

Eu viajo como turista.
ich (ich-)reise als Tourist
Ich reise als Tourist.

no hotel
im Hotel
im Hotel

Como chego ao centro?
wie (ich-)komme ins Zentrum?
Wie komme ich ins Zentrum?

na rua
in-die Straße
auf der Straße

E ele também é alemão.
und er auch ist Deutscher
Und er ist auch Deutscher.

na esquina
in-die Ecke
an der Ecke

Vivo em São Paulo.
(ich-)lebe in São Paulo
Ich lebe in São Paulo.

Vivo na capital.
(ich-)lebe in-die Hauptstadt
Ich lebe in der Hauptstadt.

Vou para o Brasil por três meses
(ich-)gehe nach der Brasilien für drei Monate
Ich gehe für drei Monate nach Brasilien

Wort- und Satzstellung

Subjekt - Prädikat - Objekt

An den bisherigen Beispielen konnte man schon feststellen, daß der Satzbau meistens nach dem Prinzip S-P-O läuft, also zuerst Subjekt, dann Prädikat und danach Objekt.

S	P	O
Ele Er	**tem** hat	**documentos** Papiere (Ausweise)
Ele Er	**não tem** nicht hat	**documentos** Papiere

Das Adjektiv steht in der Regel hinter dem Bezugswort:

O hotel tem quartos grandes.
der Hotel hat Zimmer große
Das Hotel hat große Zimmer.

Ausnahmen sind Mengenangaben wie:

muito	viel / sehr	**pouco**	wenig
mais	mehr	**menos**	weniger

O hotel é muito caro.
der Hotel ist sehr teuer
Das Hotel ist sehr teuer.

O hotel tem poucos quartos.
der Hotel hat wenige Zimmer
Das Hotel hat wenig Zimmer.

Eigenschaftswörter

Die Adjektive richten sich in Geschlecht und Zahl nach dem Bezugswort. Alle Endungen **-o** (männlich) können zu **-a** (weiblich) gemacht werden. Die anderen Wörter bleiben unverändert oder bilden Ausnahmen.

aberto - fechado	offen - geschlossen
baixo - alto	tief - hoch
barato - caro	billig - teuer
bonito - feio	schön - häßlich
duro - mole	hart - weich
escuro - claro	dunkel - hell
fácil - difícil	leicht - schwierig
forte - fraco	stark - schwach
grande - pequeno	groß - klein
lento - rápido	langsam - schnell
leve - pesado	leicht - schwer (Gewicht)
limpo - sujo	sauber - schmutzig
novo - velho	neu - alt
perto - longe	nah - weit
quente - frio	heiß - kalt
bom (m.) / **boa** (w.)	gut
mau (m.) / **má** (w.)	schlecht

Steigerung

Die normale Steigerung wird mit **mais** (mehr) und **menos** (weniger) gebildet.

barato	billig
mais barato	billiger
o(a) mais barato(a)	der(die) billigste

caro	teuer
mais caro	teurer
o(a) mais caro(a)	der(die) teuerste

Absoluter Superlativ

Es gibt zwei Formen:

muito caro (sehr teuer)	**caríssimo** ("teuerst")
muito barato (sehr billig)	**baratíssimo** ("billigst")

Unregelmäßige Steigerung

bom (m)/**boa** (w) - gut	**melhor** - besser
mau (m)/**má** (w) - schlecht	**pior** - schlechter
grande - groß	**maior** - größer
pequeno - klein	**menor** - kleiner

a viagem mais barata
die Reise mehr billig
die billigere Reise

A passagem está mais cara.
die Fahrkarte ist mehr teuer
Die Fahrkarte ist teurer.

Farben

a cor	die Farbe	as cores	die Farben
amarelo	gelb	**cor-de-rosa**	rosa
azul	blau	**marrom**	braun
branco	weiß	**negro, preto**	schwarz
castanho	braun	**vermelho**	rot
cinza	grau	**verde**	grün
cor de laranja	orange	**violeta**	violett

Farben, die auf **-o** enden (als Haupt- oder Eigenschaftswort), bekommen ein **-a** bei weiblichem Bezug:

o turista branco
der Tourist weiße
der weiße Tourist

a turista branca
die Touristin weiße
die weiße Touristin

Adverbien

Das Eigenschaftswort wird zum Adverb durch den einfachen Zusatz von **-mente**:
lento (langsam) - **lentamente** **rápido** (schnell) - **rápidamente**

Bindewörter

antes que	bevor	**enquanto**	während
assim	so	**mas**	aber
como	wie, als	**por isso**	deswegen
depois	(da)nach	**quando**	wann/wenn (zeitl.)
depois de	nachdem	**se**	falls, wenn
e	und	**também**	auch

Nützliche Wörter			
abaixo/acima	unter/über	**logo**	bald
adiante/atrás	vor/hinter	**então**	dann
aqui	hier	**quando**	wann/als
aí, alí	dort	**ontem**	gestern
dentro	drinnen	**hoje**	heute
fora	draußen	**amanhã**	morgen
junto	bei	**nunca**	nie
longe	weit	**sempre**	immer
perto	nahe	**primeiro**	erstens
onde	wo	**agora**	jetzt
apenas	nur	**antes**	vorher
cedo	früh	**tarde**	spät
só	allein	**certamente**	sicherlich

Verben und Zeiten

Die Verben bestehen immer aus einem Stamm und einer Endung. Je nach Endung unterscheidet man drei Gruppen von Verben:

-ar (häufigste Form)	**falar**	sprechen
-er (weniger häufig)	**beber**	trinken
-ir (seltenere Form)	**partir**	abreisen/abfahren

Gegenwart

Folgende Konjugationen gelten nur für regelmäßige Verben. Der Stamm bleibt gleich, nur die Endung wird verändert:

	falar	beber	partir
eu (ich)	**falo**	**bebo**	**parto**
você (du)	**fala**	**bebe**	**parte**
ele/ela (sie)	**fala**	**bebe**	**parte**
nós (wir)	**falamos**	**bebemos**	**partimos**
vocês (ihr)	**falam**	**bebem**	**partem**
eles/elas (sie)	**falam**	**bebem**	**partem**

Eu falo demais.	Ich spreche zuviel.
Nós bebemos pinga.	Wir trinken Schnaps.
Ele parte amanhã.	Er fährt morgen.

Da man durch die Endung auch die Person erkennen kann, braucht man das Fürwort meistens nicht zu benutzen.

Eu falo pouco. = Falo pouco. Ich spreche wenig.

Bei gleichen Verbendungen ist das Fürwort zu benutzen:

você fala du sprichst
ele fala er spricht

Vergangenheit

	falar	beber	partir
eu	falei	bebi	parti
você	falou	bebeu	partiu
ele/ela	falou	bebeu	partiu
nós	falamos	bebemos	partimos
vocês	falaram	beberam	partiram
eles/as	falaram	beberam	partiram

Zukunft

Die einfachste Form ist die Anwendung der Gegenwartsform eines Verbs plus Grundform (Infinitiv):

eu quero viajar ich will reisen
nós vamos partir wir werden abreisen

Zum Üben können Sie die Gegenwartsformen des Verbs **ir** (= gehen) lernen:

eu vou falar ich werde sprechen
você vai beber du wirst trinken
ele vai partir er wird abreisen
nós vamos falar wir werden sprechen
vocês vão viajar ihr werdet reisen
eles vão partir sie werden abreisen

Verneinung

não (nein/nicht) steht vor dem Verb:

eu não vou viajar
ich nicht werde reisen
ich werde nicht reisen

você não bebe
du nicht trinkst
du trinkst nicht

nós não vamos partir
wir nicht werden abfahren
wir werden nicht abfahren

Wichtige regelmäßige Verben

-ar			
amar	lieben	**falar**	sprechen
andar	gehen, laufen	**morar**	wohnen
chegar	ankommen	**pagar**	bezahlen
comprar	kaufen	**perguntar**	fragen
conversar	reden	**reservar**	reservieren
convidar	einladen	**roubar**	stehlen
ensinar	lehren	**trabalhar**	arbeiten
entrar	eintreten	**tomar**	nehmen
esperar	warten	**viajar**	reisen
explicar	erklären		

-er / -ir			
beber	trinken	**receber**	empfangen
comer	essen	**vender**	verkaufen
compreender	verstehen	**viver**	leben
abrir	öffnen	**partir**	abreisen

Unregelmäßige Verben

dar	geben	**preferir**	bevorzugen
dizer	sagen	**querer**	wollen
dormir	schlafen	**saber**	wissen
ir	gehen	**sair**	rausgehen
ler	lesen	**seguir**	folgen
passear	spazierengehen	**sentir**	fühlen
pedir	bitten	**trazer**	bringen
poder	können	**ver**	sehen
pôr	hinstellen/-legen	**vir**	kommen

So ganz unregelmäßig sind diese Verben aber auch nicht (in der linken Spalte finden Sie die Gegenwartsformen, in der rechten die Vergangenheitsformen, jeweils für **eu / você, ele / nós / vocês, eles**):

dar (geben)		**dizer** (sagen)	
dou	**dei**	**digo**	**disse**
dá	**deu**	**diz**	**disse**
damos	**demos**	**dizemos**	**dissemos**
dão	**deram**	**dizem**	**disseram**
fazer (machen, tun)		**ir** (gehen)	
faco	**fiz**	**vou**	**fui**
faz	**fez**	**vai**	**foi**
fazemos	**fizemos**	**vamos**	**fomos**
fazem	**fizeram**	**vão**	**foram**
ter (haben)		**querer** (wollen)	
tenho	**tive**	**quero**	**quis**
tem	**teve**	**quer**	**quis**
temos	**tivemos**	**queremos**	**quisemos**
tem	**tiveram**	**querem**	**quiseram**

poder (können)		**vir** (kommen)	
posso	**pude**	**venho**	**vim**
pode	**pode**	**vem**	**veio**
podemos	**pudemos**	**vimos**	**viemos**
pode	**puderam**	**vem**	**vieram**

trazer (bringen)	
trago	**trouxe**
traz	**trouxe**
trazemos	**trouxemos**
trazem	**trouxeram**

Hilfsverben

ser = sein **estar** = sein **ter** = haben

Mit diesen drei Hilfsverben können Sie schon die halbe Sprache!

ser	Gegenwart	Vergangenheit	Zukunft
eu	**sou**	**fui**	**serei**
você	**é**	**foi**	**será**
ele/ela	**é**	**foi**	**será**
nós	**somos**	**fomos**	**seremos**
vocês	**são**	**foram**	**serão**
eles/elas	**são**	**foram**	**serão**
estar	Gegenwart	Vergangenheit	Zukunft
eu	**estou**	**estive**	**estarei**
você	**está**	**esteve**	**estará**
ele/ela	**está**	**esteve**	**estará**
nós	**estamos**	**estivemos**	**estaremos**
vocês	**estão**	**estiveram**	**estarão**
eles/elas	**estão**	**estiveram**	**estarão**

ter	Gegenwart	Vergangenheit	Zukunft
eu	**tenho**	**tive**	**terei**
você	**tem**	**teve**	**terá**
ele/ela	**tem**	**teve**	**terá**
nós	**temos**	**tivemos**	**teremos**
vocês	**tem**	**tiveram**	**terão**
eles/elas	**tem**	**tiveram**	**terão**

Eu estou viajando para São Paulo.
ich (ich-)bin reisend nach São Paulo
Ich reise nach São Paulo.

Eu estive doente.
ich (ich-)war krank
Ich war krank.

Ele tem meu passaporte.
er (er-)hat mein Paß
Er hat meinen Paß.

A comida é boa.
die Essen (sie-)ist gut
Das Essen ist gut.

Fragen

quem?	wer?	**onde?**	wo?
o quê?	was?	**para onde?**	wohin?
como?	wie?	**qual?**	welche(r)?
porquê?	warum?	**para quê?**	wofür?
quando?	wann?	**quanto?**	wieviel?

Onde está a farmácia?
wo ist die Apotheke?
Wo ist die Apotheke?

Porquê você bebe leite?
warum du trinkst Milch?
Warum trinkst du Milch?

Quando chega o ônibus?
wann kommt der Bus?
Wann kommt der Bus?

Porquê gosto.
weil (ich-)mag
Weil ich sie mag.

Qual a direção?
welche die Richtung?
Welche Richtung?

Para onde vai a mala?
für wo geht die Koffer?
Wohin geht der Koffer?

Quanto custa a passagem?
wieviel kostet die Fahrkarte?
Was kostet die Fahrkarte?

A passagem custa vinte reais.
die Fahrkarte kostet zwanzig Reais
Die Fahrkarte kostet 20 Reais.

Onde tem um hotel barato?
wo hat ein Hotel billig?
Wo gibt es ein billiges Hotel?

Onde está a próxima parada?
wo ist die nächste Haltestelle?
Wo ist die nächste Haltestelle?

Como chegar a estação rodoviária?
wie kommen zu Station straßenverkehrisch?
Wie kommen wir zum Busbahnhof?

Onde se toma o ônibus para o centro?
wo man nimmt der Bus nach der Zentrum?
Wo fährt der Bus zum Zentrum ab?

Quanto custa o taxi até o centro?
wieviel kostet der Taxi bis der Zentrum?
Wieviel kostet das Taxi bis zum Zentrum?

Quantas paradas são até o bairro ...?
wieviele Haltestellen sind bis der Stadtteil ...?
Wieviele Haltestellen sind es bis zum Stadtteil ...?

Quando sai o trem para ...?
wann geht der Zug nach ...?
Wann geht der Zug nach ...?

Quando chega o ônibus em São Paulo?
wann kommt-an der Bus in São Paulo?
Wann kommt der Bus in São Paulo an?

Onde preciso baldear?
wo (ich-)muß umsteigen?
Wo muß ich umsteigen?

Por favor, quero uma passagem para Foz do Iguaçú.
Für Gefallen, (ich-)will eine Fahrkarte nach Foz do Iguaçú
Ich möchte bitte eine Fahrkarte nach Foz do Iguaçú.

Pode me ajudar?
(sie)können mir helfen?
Können Sie mir helfen?

Zahlen

1	**um(m), uma(w)**	30	**trinta**
2	**dois(m), duas(w)**	31	**trinta e um**
3	**três**	40	**quarenta**
4	**quatro**	50	**cinquenta**
5	**cinco**	60	**sessenta**
6	**seis**	70	**setenta**
7	**sete**	80	**oitenta**
8	**oito**	90	**noventa**
9	**nove**	100	**cem**
10	**dez**	105	**cento e cinco**
11	**onze**	106	**cento e seis**
12	**doze**	200	**duzentos**
13	**treze**	300	**trezentos**
14	**catorze**	333	**trezentos e trinta e três**
15	**quinze**	400	**quatrozentos**
16	**dezesseis**	500	**quinhentos**
17	**dezessete**	600	**seiscentos**
18	**dezoito**	700	**setecentos**
19	**dezenove**	800	**oitocentos**
20	**vinte**	900	**novecentos**
21	**vinte e um**	1000	**mil**
22	**vinte e dois**	500.000	**quinhentos mil**
23	**vinte e três**	1 Mio.	**um milhão**
1996	**mil novecentos e noventa e sete**		

Ordinalzahlen

1.	**primero**	9.	**nono**
2.	**segundo**	10.	**décimo**
3.	**terceiro**	11.	**décimo-primeiro**
4.	**quarto**	12.	**décimo-segundo**
5.	**quinto**	13.	**décimo-terceiro**
6.	**sexto**		usw.
7.	**sétimo**	20.	**vigésimo**
8.	**oitavo**	30.	**trigésimo**

Bei der weiblichen Form wird das **-o** einfach durch **-a** ersetzt:

Eu moro no décimo andar.
ich (ich-)wohne in-der zehnte Stockwerk
Ich wohne im zehnten Stock.

Ela é a terceira mulher.
sie (sie-)ist die dritte Frau
Sie ist die dritte Frau.

1/2	**meio**	2/3	**dois terços**
1/3	**um terço**	1/10	**um décimo**
1/4	**um quarto**	1/100	**um centésimo**
1/5	**um quinto**	1/1000	**um milésimo**
	usw. wie oben		

Die Uhrzeit

segundo	Sekunde	**hora**	Stunde
minuto	Minute	**meia**	halbe

Die Frage nach der Uhrzeit wird in der Mehrzahl gestellt:

Que horas são? *welche Stunden sind?* Wie spät ist es?	aber
São cinco e quinze. *sind fünf und fünfzehn* Es ist 5 Uhr 15.	**É uma e quarenta.** *ist ein und vierzig* Es ist 1 Uhr 40.
São sete e meia. *sind sieben und halb* Es ist 7 Uhr 30.	**São vinte para as duas.** *zwanzig vor die zwei* 1 Uhr 40

Wochentage und Monate

dia da semana = Wochentag

domingo	Sonntag	**quinta-feira**	Donnerstag
segunda-feira	Montag	**sexta-feira**	Freitag
terça-feira	Dienstag	**sábado**	Samstag
quarta-feira	Mittwoch		

Nur der Sonntag und Samstag sind männlich. Die Arbeitstage sind weiblich. Das ist auch bezeichnend für die Rolle der Frau.

mês = Monat

janeiro	**abril**	**julho**	**outubro**
fevereiro	**maio**	**agosto**	**novembro**
março	**junho**	**setembro**	**dezembro**

Eles viajam em março.	**Elas chegam na segunda-feira.**
sie (sie-)reisen im März	*sie (sie-)kommen in-der Montag*
Sie reisen im März	Sie kommen am Montag

Jahreszeiten

Jahreszeiten sind im Norden Brasiliens kaum auszumachen. Im Süden kann es ganz schön kalt werden:

primavera	Frühling
verão	Sommer
outono	Herbst
inverno	Winter

Zeitangabe

Hier die wichtigsten Begriffe, die mit Zeit zu tun haben:

hoje	heute	**dia**	Tag
ontem	gestern	**noite**	Nacht
anteontem	vorgestern	**ano**	Jahr
amanhã	morgen	**agora**	jetzt
depois de amanhã	übermorgen	**depois**	nachher
de madrugada	frühmorgens	**antes**	vorher
de manhã	morgens	**em seguida**	nachher
de tarde	nachmittags	**logo**	gleich
de noite	nachts	**mais tarde**	später
cedo	früh	**sempre**	immer
tarde	spät	**já**	sofort

Verhaltensregeln

Wer sich in der Bundesrepublik in etwa benehmen kann, hat in Brasilien keine Schwierigkeiten zu erwarten. Trotzdem einige Tips:

★ Schöne **Frauen** werden in der Stadt "angemacht". Pfeifen und andere Laute sind aber fast nie böse gemeint. Blickkontakt kann als Ermunterung aufgefaßt werden. Stur nach vorne gucken ist eine angemessene Abwehr. Manch eine Brasilianerin in der Bundesrepublik vermißt diese Anmache und hält sich für häßlich.

★ In **Metropolen** wie São Paulo und Rio sind gewisse Gegenden vor allem abends unsicher. Erkundigen Sie sich vorher im Hotel. **Favela** (Slums) alleine mit Kamera zu besuchen, ist nur für Kamikaze geeignet.

★ Nicht jeder Fluß oder See eignet sich zum Baden. Vorher fragen. **Bilharziose** ist unangenehm.

★ **Autostop** nur in Gruppen machen. Alleine ist das Risiko groß, auch für Männer.

★ Keine **wertvollen Gegenstände** offen zeigen (Fotoapparat, Goldkette usw.). Bei einem Überfall, keine Gegenwehr leisten. Mund halten und "alles" rausrücken. Das große Geld und Wertsachen bei Bekannten oder im Safe vom Hotel aufbewahren.

★ Nordamerikanische Bürger werden bewundert und gehaßt. **Deutsche** genießen mehr Sympathie. Mit deutsch wird aber Nazi verbunden.

★ Nicht alle **Einladungen** sind ernst gemeint. Manchmal sind es sogar Ausladungen. Zu spät zu kommen gehört zum guten Ton, ist aber nicht unbedingt erforderlich.

Ansprechen

Mit Freundlichkeit und Respekt kann man in Brasilien Berge versetzen. Unbekannte werden immer mit **o Senhor** oder **a Senhora** angeredet. Man duzt sich später automatisch.

Grüßen

Bom dia	Guten Morgen, Guten Tag
Boa tarde	Guten Nachmittag
Boa noite	Guten Abend, Gute Nacht
Oi, Obá, Boas	Hallo

Sich vorstellen

formell

Meu nome é Fritz, muito prazer em conhecê-lo (oder -la)
mein Name ist Fritz, viel Lust auf kenne-Sie
Mein Name ist Fritz. Es freut mich, Sie kennenzulernen.

Antwort:
O prazer é todo meu.
der Lust ist ganz mein
Ganz meinerseits.

informell

Eu me chamo Fritz. Como vai?
ich mich nenne Fritz. Wie geht's?
Ich heiße Fritz. Wie geht es Ihnen/Dir?

Tudo bem. E você?
alles gut. Und Du?
Sehr gut. Und Dir?

Sich verabschieden

Até logo	Auf Wiedersehen
Até a vista	Auf Wiedersehen
Adeus	Auf Wiedersehen
Tschau	Tschüß

Bitten / Danken

Por favor ...	Bitte ...
Obrigado	Danke
Muito obrigado	Vielen Dank
Deus lhe pague	Gott vergelt's

Das "Danke" wird mit **de nada** beantwortet. Bedeutet soviel wie "keine Ursache".

Sich entschuldigen

Desculpa	Entschuldige
Perdão	Verzeihung

Beglückwünschen

Parabéns	Glückwünsche
Meus parabéns	Meinen Glückwunsch
Saúde	Prost (beim Trinken)
Saúde	Gesundheit (beim Niesen)

Bewundern

jóia	wunderbar (*Schmuck*)
tudo legal	alles prima
é um barato	superklasse (*ist ein billiges*)
legal	prima

Ein Dialog

Oi, como vai?	Hallo, wie geht's?
Tudo bem, obrigado.	Alles gut, danke.

Você também vai viajar amanhã?
du auch gehst reisen morgen?
Verreist Du morgen auch?

Não. Tenho que ficar mais dois dias.
nein. (ich-)habe zu bleiben mehr zwei Tage
Nein. Ich muß noch zwei Tage bleiben.

Redewendungen

dar um jeitinho (*eine Möglichkeit geben*)

Das Wort **jeitinho** hat eine besondere Bedeutung. Es bedeutet, "etwas machbar zu machen", was eigentlich nicht geht oder unmöglich ist, z. B. einen Platz in einem vollen Bus oder Hotel zu besorgen. Mit **jeitinho** kriegt man ein Essen, auch wenn die Küche vom Restaurant schon geschlossen hat.

O senhor pode dar um jeitinho de arrumar um lugar?
der Herr kann geben ein Möglichkeit zu besorgen ein Platz?
Können Sie irgendwie einen Platz besorgen?

quebrar o galho (*den Ast brechen*) = improvisieren

Hat eine ähnliche Bedeutung wie **jeitinho**.

O senhor pode quebrar o galho e arranjar uma passagem?
der Herr kann brechen der Ast und besorgen eine Fahrkarte?
Können Sie improvisieren und eine Fahrkarte besorgen?

estar por fora (*draußen sein*) = nicht im Bilde sein

Estou por fora. Não entendo nada.
(ich-)bin draußen. nicht (ich-)verstehe nichts
Ich bin nicht im Bilde. Ich verstehe nichts.

Beschimpfungen

Der Reichtum der Brasilianer an Flüchen und Schimpfwörtern ist schier unerschöpflich. Allein für Penis gibt es über 30 gängige Wörter. Für den Anfänger wollen wir uns auf das Allerwichtigste beschränken:

merda, bosta	Scheiße
puta merda	Hurenscheiße (Erstaunen, Verärgerung)
caralho	Penis (bei Verärgerung)
cacete	Penis (bei Langeweile)
saco	Hodensack (bei Langeweile)
viado/bicha	Schwuler/Tunte (bei Verärgerung)
sapata/sapatão	Lesbe
sacana/sacanagem	Drecksack, Bosheit
safado	Drecksack
porra	Samen (Bewunderung, oft wie ein Komma im Satz benutzt)
cagada	beschissen, Fehler
canalha	Kanaille, Schuft
chato	(*Filzlaus*) flach, langweilig
corno	Gehörnter
droga	(*Droge*) jemand oder etwas Unangenehmes
pentelho	(*Schamhaar*) jemand, der aufdringlich oder langweilig ist

Es ist sicherlich heikel, in einem Sprachführer Schimpfwörter zu bringen, denn sie spiegeln ja auch die gesellschaftlichen Vorurteile wider, z. B. gegen Schwule. Die Auswahl der Wörter wurde mit dem Hintergrund der Häufigkeit getroffen und hat mit Vorurteilen des Autors nichts zu tun.

Este concerto está muito chato.
dieser Konzert ist sehr flach
Dieses Konzert ist sehr langweilig.

Esse restaurante é uma droga.
dieser Restaurant ist eine Droge
Dieses Restaurant ist sehr unangenehm.

Esse cara é muito pentelho. *dieser Kerl ist sehr aufdringlich* Dieser Kerl ist sehr aufdringlich.	**Vá à merda!** *Geh' zur Scheiße* Verpiß dich!

filho da puta	Hurensohn
filha da puta	Hurentochter

Im Landesinneren ist das eine sehr schwere Beleidigung und führt oft zu Mord und Totschlag. In den Metropolen wird es dagegen auch als freundliche Begrüßung angewendet, wie in der BRD "du altes Arschloch".

vá à puta que o pariu	(geh zur Hure, die dich gebar)
puta que pariu	(schwere Beleidigung, wie oben)

Wenn Sie belästigt werden

cafajeste	Zuhältertyp
me deixa em paz	Laß' mich in Ruhe!
basta, chega	Genug!
não amola	Belästige mich nicht!
bobo, besta	Dummkopf
idiota, canalha	Idiot, Kanaille

Gesten und Handzeichen

Vieles ist wie hier, z. B. Kopfnicken als Bejahung oder mit dem Zeigefinger auf die Stirn tippen als Zeichen für "bescheuert".

Die Beleidigungspalette ist jedoch breiter, und da können leicht Mißverständnisse entstehen:

Das OK-Zeichen der Amis mit Zeigefinger und Daumen als O bedeutet "Leck mich ..." oder Schlimmeres.

Mit der flachen Hand auf das O tippen bedeutet "vögeln". Die Faust mehrmals nach unten strecken bedeutet das Gleiche.

Die Faust und der andere Arm im Ellenbogen steht für "Banane" (=Penis) oder "Du kannst mich mal ...".

Ausgestreckter Zeigefinger und kleiner Finger bedeutet **corno** also "gehörnt" (=betrogener Ehemann).

Zum Herbeirufen wird mehrmals "**Psiu**" gerufen.

Zum Verneinen wird mehrmals mit der Zunge geschnalzt.

Zeigefinger und Daumen am Ohrläppchen bedeutet "gut", "ausgezeichnet".

Viele Häuser haben keine Klingel. Man ruft die Bewohner durch Händeklatschen.

GESTOS DOS CONDUTORES

Die Ein- und Ausreise

Vor der Ankunft erhalten Sie im Flugzeug ein Formular, wie unten abgebildet. **Entrada** bedeutet hier Einreise (dieses Wort wird auch als Eintrittskarte für Kino, Theater usw. benutzt und heißt auch Eingang). **Saída** ist die Ausreise, bedeutet aber auch der Ausgang.

Bei 2, **nome completo** (vollständiger Name), ist es üblich, mit dem Vornamen zu beginnen.

Bei 3, **motivo da viagem** (Grund der Reise), geht es um statistische Informationen.

Bei 4 wird nach der Reisepaßnummer oder **equivalente** (Gleichwertiges) wie Personalausweis gefragt.

residente bedeutet ansässig und **residência** Wohnsitz. (**residência** ist auch die Privatwohnung).

uso oficial (amtliche Nutzung)

data de nascimento = Geburtsdatum

Diese Karte (**cartão**) und der Paß bekommen bei der Paßkontrolle einen Stempel. Es ist ratsam, die Karte aufzubewahren und bei der Ausreise abzugeben, denn dann braucht man sie nicht noch einmal auszufüllen.

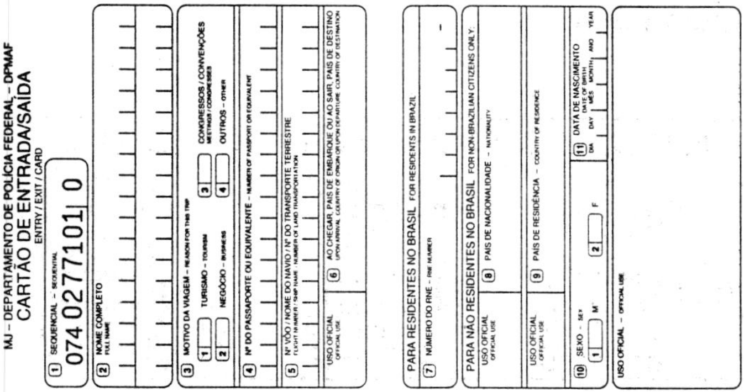

Unterwegs

... mit öffentlichen Verkehrsmitteln

o preço/o desconto	Preis/Rabatt
a passagem, o bilhete/o guichê	Fahrkarte/Schalter
alugar	mieten
assegurar/o seguro	versichern/Versicherung
o carro	Auto
pedir carona/viajar a dedo	per Anhalter fahren
o pedágio	Straßengebühr
o ônibus/o ponto de ônibus	Bus/Bushaltestelle
a parada de ônibus	Bushaltestelle oder Pause bei Langstrecken-Fahrten
a estação rodoviária	Busbahnhof
o taxi/o ponto de taxi	Taxi/Taxistand
o lotação	billigeres Taxi mit festgelegter Fahrstrecke in der Stadt
o metrô/o bonde	Metro, U-Bahn/Straßenbahn
a balsa/o barco	Fähre/Boot
o navio/o porto	Schiff/Hafen
o vôo/o avião	Flug/Flugzeug
o aeroporto	Flughafen
o trem/a estação de trem	Zug/Bahnhof
a chegada/a hora certa	Ankunft/pünktlich
rápido	schnell
saltar	aussteigen
a bagagem	Gepäck
a mala/a mochila	Koffer/Rucksack

Langstrecken-Busse fahren meistens von zentralen Busbahnhöfen ab. Man kann durch fast ganz Brasilien mit dem Bus reisen. Einige Strecken werden von mehreren Busunternehmen bedient. Sie können dann Preise und Bequemlichkeit vergleichen. Bei längeren Reisen (6 bis 7 Tage) ist ein Bus mit Klo, Klimaanlage, Bordservice bestimmt angenehmer, wenn auch teurer. Im Süden gibt es Eisenbahnen. Die Fahrt ist angenehm, lustig (nur etwas länger).

Busse oder Taxis halten nur, wenn man lange vorher den Arm ausstreckt.

Quero uma passagem de ida e volta para Porto Alegre.
(ich-)will eine Fahrkarte von hin und zurück nach Porto Alegre
Ich möchte eine Rückfahrkarte nach Porto Alegre.

Por favor, só quero uma passagem de ida para o Rio.
für Gefallen, nur (ich-)will eine Fahrkarte für hin nach der Rio
Ich möchte bitte eine einfache Fahrt nach Rio.

Tem desconto para estudantes?
hat Rabatt für Studenten/Schüler?
Gibt es Rabatt für Studenten/Schüler?

Gostaria de uma poltrona na janela.
(ich-)möchte von ein Sitz am Fenster
Ich möchte einen Fensterplatz.

Quero um lugar no corredor.
(ich-)will ein Platz am Flur
Ich möchte einen Platz am Gang.

Não quero o assento do meio.
nicht (ich-)will den Sitz in Mitte
Ich möchte keinen Mittelplatz.

Quanto custa a passagem?
wieviel kostet die Fahrkarte?
Wieviel kostet die Fahrkarte/der Flugschein?

Onde é o ponto do ônibus/do metrô mais prôximo?
wo ist der Punkt des Busses/der U-Bahn am nächsten?
Wo ist die nächste Bus- oder U-Bahnhaltestelle?

Onde é o banheiro para mulheres/homens?
wo ist der WC für Frauen/Männer?
Wo ist das WC für Frauen/Männer?

Onde está o guichê da empresa (de ônibus) Cometa?
wo ist der Schalter der Firma (von Bus) Cometa?
Wo ist der Schalter der Firma Cometa?

Como chegar até o centro da cidade?
wie kommen bis der Zentrum der Stadt?
Wie kommt man ins Stadtzentrum?

É muito longe a pé?
ist sehr weit zu Fuß?
Ist es sehr weit zu laufen?

Aonde posso guardar a minha bagagem?
wo (ich-)kann aufbewahren die meine Gepäck?
Wo kann ich mein Gepäck aufbewahren?

Eu perdi minhas malas. O quê fazer?
ich (ich-)verlor meine Koffer. der was tun?
Ich habe meine Koffer verloren? Was kann ich tun?

(seguir) em frente	geradeaus (gehen oder fahren)
dobrar à esquerda / direita	links / rechts abbiegen
aqui / là	hier / dort
virar / seguir reto	wenden / geradeaus gehen o. fahren
seguir reto	geradeaus gehen oder fahren
o quarteirão / a esquina	Häuserblock / Straßenecke

... in der Stadt

o acidente	Unfall
a agência de viagens	Reisebüro
a alameda	Allee
o andar	Stockwerk
o apartamento	Etagenwohnung
atravessar/cruzar	überqueren
a auto-estrada	Autobahn
a avenida	Allee
o baile	Tanzparty
o bairro	Stadtteil
a banca de jornal	Zeitungskiosk
a biblioteca	Bibliothek
a bicicleta	Fahrrad
a boate	Nachtlokal
o caminhão	Lastwagen
o caminho	Weg
a capital	Hauptstadt
a casa	Haus
o centro	Zentrum
a cidade	Stadt
o cine(ma)	Kino
o consulado	Konsulat
a discoteca	Tanzlokal
o diário/o jornal	Zeitung
o edifício	Gebäude
a embaixada	Botschaft
o engarrafamento	Verkehrsstau
a estrada	Landstraße
o farol/o semáforo	Ampel
a favela	Slum (Haus oder Gebiet)
a feira	Straßenmarkt
a festa	Fest/Feier
o forró	Straßentanz
a galeria	Galerie
o guia	Führer
a igreja	Kirche
a lanchonete	Imbiß, Restaurant
a lavanderia	Wäscherei
a livraria	Buchladen
o mapa	Landkarte
o meio-ambiente	Umwelt
o mercado	Markt
a motocicleta	Motorrad
o parque	Park
a periferia	Außenbezirk
permitido	erlaubt
a poluição	Umweltschmutz
o povoado	Dorf
a praça	Platz
o prédio	Hochhaus
proibido (fumar)	(Rauchen) verboten
a revista	Zeitschrift
a rodovia	Autobahn
a rua	Straße
o sambão	(Samba-)Lokal
o sinal de trânsito	Verkehrsschild
o teatro	Theater
a tinturaria	Wäscherei
o trâfego/o trânsito	Verkehr
a universidade	Universität
a vila	Stadtteil

In einigen Städten wie z. B. São Paulo ist das Rauchen in Restaurants, Shopping Centers usw. strikt verboten. Das Knöllchen kann bis zu 500 DM kosten. Das Verbot wird aber nicht immer ernst genommen.

In größeren Städten gibt es Stadtteile, die man nachts vermeiden sollte, weil das Risiko, überfallen zu werden, relativ groß ist. Deshalb ist es ratsam, sich vorher zu informieren.

Este bairro é perigoso de noite/de dia?
dieser Stadtteil ist gefährlich bei Nacht/bei Tag?
Ist dieser Stadtteil nachts/tagsüber gefährlich?

Onde é o centro da cidade?
wo ist der Zentrum der Stadt?
Wo ist das Stadtzentrum?

Procuro uma agência de viagem.
(ich-)suche eine Agentur für Reise
Ich suche ein Reisebüro.

Quero telefonar para a Embaixada Alemã.
(ich-)will telefonieren nach die Botschaft Deutsche
Ich möchte bei der Deutschen Botschaft anrufen.

Preciso o telefone do consulado alemão.
(ich-)benötige der Telefon von Konsulat deutsche
Ich brauche die Telefonnummer vom deutschen Konsulat.

Onde tem um restaurante bom e barato?
wo hat ein Restaurant gut und billig?
Wo gibt es ein gutes und preiswertes Restaurant?

Como chego a rodoviária?
Wie (ich-)komme zu straßenverkehrisch?
Wie komme ich zum Busbahnhof?

Como faço para chegar ao museu/estádio/hotel?
wie (ich-)mache um ankommen in-der Museum/Stadion/Hotel?
Wie komme ich zum Museum/Stadion/Hotel?

... im eigenen Auto

alugar	mieten
o acelerador/o arranque	Gaspedal/Anlasser
a batería/a borracharia	Batterie/Reifenreparatur
a buzina/o cabo	Hupe/Kabel
a caixa de câmbio	Gangschaltung
o capô/o carro	Motorhaube/PKW
a carteira de motorista	Führerschein
a chave de fenda	Schraubenschlüssel
o cilindro	Zylinder
comprar	kaufen
o conserto/o corrente	Reparatur/Strom; Kette
o dínamo/a direção	Lichtmaschine/Lenkrad
o eixo/a embreagem	Achse/Kupplung
o escape/o escapamento	Auspuff
o espelho/o farol	Spiegel/Scheinwerfer
as ferramentas/o freio (de mão)	Werkzeuge/(Hand-)Bremse
a gasolina	Benzin
guinchar/rebocar	abschleppen
o limpador de pára-brisas	Scheibenwischer
a marcha(-ré)/o mecânico	(Rückwärts-)Gang/Mechaniker
as molas/o motor	Federn/Motor
a multa/a oficina	Strafzettel/Werkstatt
o óleo/o pára-brisas	Öl/Windschutzscheibe
o parafuso/a peça de reposicão	Schraube/Ersatzteil
o pedágio/o pneu (de reserva)	Autobahngebühr/(Ersatz-)Reifen
a pilha/a pisca-pisca	Batterie (für Radio usw.)/Blinker
a porta/o posto de gasolina	Tür/Tankstelle
a pressão/o radiador	Druck/Kühler
o seguro/o tanque	Versicherung/Benzintank
a válvula/as velas/o vidro	Ventil/Kerzen/Scheibe

Quando fica pronto? Wann wird es fertig?

Um in der Großstadt zu parken, kaufen Sie sich bei einer Politesse einen **talão de estacionamento** (am besten 10 Scheine) zum Parken, auf die Sie das Datum und die Uhrzeit selbst aufschreiben und an den Innenspiegel hängen.

Um Ärger mit der Polizei zu vermeiden, legen Sie zehn Dollar in Ihren Führerschein. Das erfreut das Herz und vereinfacht alles sofort. Abends fährt jeder bei rot über Kreuzungen. Also, höllisch aufpassen, auch wenn Sie grün haben. Alkoholkontrollen sind sehr selten, zum Überleben brauchen Sie aber einen ganz klaren Kopf.

proibido/permitido estacionar	Parken verboten/erlaubt
cuidado	Vorsicht
perigo	Gefahr
ande devagar	Langsam fahren

O carro quebrou. Onde está a oficina mais próxima?
das Auto brach. Wo ist die Werkstatt mehr nächste?
Das Auto ist kaputt. Wo ist die nächste Werkstatt?

Quanto tempo leva o conserto?
wieviel Zeit nimmt der Reparatur?
Wie lange dauert die Reparatur?

Quanto custa o concerto?
wieviel kostet der Reparatur?
Wieviel kostet die Reparatur?

Como chego até a estrada secundária para Curitiba?
wie (ich-)komme bis die Straße sekundär nach Curitiba?
Wie komme ich zur Nebenstrecke nach Curitiba?

An jedem größeren Kiosk oder Buchladen kann man den Führer "Guia quatro rodas" kaufen, mit Landkarten für ganz Brasilien und für jede Region. Darin werden alle Strecken aufgeführt, Hotels, Restaurants, Tankstellen, Sehenswürdigkeiten, ein Profil der Städte usw. Falls Sie Brasilienkenner werden wollen, kaufen Sie den "Almanaque Abril" dazu, der auch billig zu haben ist. Dort finden Sie alle Fakten über das Land.

Um ein Auto zu mieten, wird in der Regel eine Kreditkarte verlangt. Barzahlungen werden oft abgelehnt. Als Sicherheitsmaßnahme wird die Unterschrift auf einem Blankoformular verlangt. Die Versicherungen decken nur einen Teil der Kosten bei Totalschaden oder Diebstahl. Deshalb nachfragen und eine Vollkaskoversicherung abschließen.

O seguro cobre o roubo do carro?
der Versicherung deckt der Diebstahl des Wagens?
Deckt die Versicherung den Diebstahl des Wagens?

Quero um seguro completo. Quanto custa por dia?
(ich-)will eine Versicherung komplett. Wieviel kostet pro Tag?
Ich möchte eine Vollkaskoversicherung. Wieviel kostet das pro Tag?

... auf dem Lande

andar/caminhar	gehen, laufen
o animal/a árvore	Tier/Baum
o barranco/a caatinga	Steilhang, Böschung/Trockenvegetation
o campo/o camponês	Feld, Landesinnere/Landarbeiter
o cerrado/a chácara	Steppenvegetation/kleines Anwesen, Farm
contaminado/a corrente	verunreinigt/Strom (Fluß oder Meer)
descer/a descida	absteigen/Abstieg
a estrada/a fazenda	Landstraße/Großfarm
a flor/a floresta	Blume/Wald
o lago/a lagoa	See/Binnensee
o leste/o litoral	Osten/Küste
o mangue/o mato	Mangroven/Wald
a montanha/o monte	Berg
o norte/o oeste	Norden/Westen
a paisagem/passear	Landschaft/spazierengehen
a pedreira	Steinbruch
o planalto/a planicie	Hochebene/Tiefebene
a planta/a plantacão	Pflanze/Plantage
poluido	verschmutzt
o riacho/o rio	Bach/Fluß
a serra	Gebirge, Gebirgskette
o sertão	Trockenvegetation (mit Wald)
o sitio	kleines Anwesen, Farm
a subida/subir	Steigung/steigen
o sul/o vale	Süden/Tal

Posso tomar banho neste rio?
(ich-)kann nehmen Bad in-diesem Fluß?
Kann ich in diesem Fluß baden?

Piranhas sind nicht immer gefährlich. Man sollte aber erst schauen, wie es anderen ergeht. Dreck und Krankheitserreger sind eher problematisch.

Wenn Sie tief ins Landesinnere gehen, sollten Sie sich ein Moskitonetz (**mosquiteiro**) und eine Hängematte (**rede**) besorgen. Man muß quer darauf schlafen, sonst schmerzt der Rücken gewaltig.

In alten Hütten lebt in den Mauerritzen zuweilen wanzenartiges Ungeziefer, bis zu 2 Zentimeter: der berüchtigte "**Barbeiro**" (Friseur). Durch seinen Stich wird die sehr unangenehme Chagaskrankheit übertragen.

... am Strand

Nicht selten sieht man europäische Frauen, die sich an einem brasilianischen Strand "oben ohne" bräunen. Dies gilt als unsittlich. Keine Einwände gibt es jedoch gegen die häufig benutzten Minibikinis, auch wenn da nicht viel Stoff zu sehen ist.

Die Strände im Bereich größerer Städte sind meistens verschmutzt, weil viele Häuser das Abwasser illegal ins Regenwassernetz einleiten. Nach starken Regenfällen ist die Verschmutzung am größten, was zu Problemen mit Colibakterien führen kann.

An sehr belebte Strände von Rio unbedingt nur das Allernotwendigste mitnehmen. Die Sachen können sehr schnell verschwinden.

Como chegar na praia?
wie kommen an-die Strand?
Wo geht es zum Strand?

Qual é a melhor praia?
welche ist die beste Strand?
Welches ist der beste Strand?

A chuva está muito forte.
die Regen ist sehr stark
Es regnet sehr stark.

O sol está muito forte.
der Sonne ist sehr stark
Es ist sehr heiß.

a água	Wasser	**a maré alta/baixa**	Flut/Ebbe
a alga	Alge	**mergulhar**	tauchen
a areia	Sand	**o mexilhão**	Miesmuscheln
o biquini	Bikini	**a onda**	Welle
o calção de banho	Badehose	**a ostra**	Auster
o camarão	Krabbe	**o ouriço-do-mar**	Seeigel
o caranguejo	Krebs	**a piscina**	Schwimmbad
os corais	Korallen	**a praia**	Strand
a corrente	Strömung	**a profundidade**	Tiefe
o fio dental	Tanga (*Zahnseide*)	**o protetor solar**	Sonnencreme
fundo	tief	**raso**	flach, seicht
o guarda-sol	Sonnenschirm	**o recife**	Riff
a ilha	Insel	**a sunga**	Badehose
a lua	Mond	**o "snorkel"**	Schnorchel
a lua-cheia	Vollmond	**o sol**	Sonne
a lua-nova	Neumond	**o sururú**	Miesmuscheln
o maiô	Badeanzug (Frau)	**a toalha de banho**	Badehandtuch
o mangue	Mangroven	**a toalha de rosto**	Handtuch
o mar	Meer		

Preciso de água.
(ich-)benötige von Wasser
Ich brauche Wasser.

É perigoso nadar aqui?
ist gefährlich schwimmen hier?
Ist es gefährlich, hier zu schwimmen?

Tem muito ouriço-do-mar nos recifes/nas pedras.
(es-)hat viel Seeigel an-den Riffs/an-den Steinen
Es gibt viele Seeigel in den Riffs/auf den Steinen.

Aquí é bom para mergulhar?
hier ist gut für tauchen?
Kann man hier gut tauchen?

As ondas são perigosas?
die Wellen sind gefährlich?
Sind die Wellen gefährlich?

As correntes são fortes.
die Strömungen sind stark
Die Strömung ist stark.

A maré está subindo/descendo.
die Gezeit ist steigend/sinkend
Es ist Flut/Ebbe.

Umwelt

a bactéria / o barulho	Bakterie / Krach, Lärm
a caatinga / o sertão	Trockensavanne im Nordosten des Landes
o cerrado	Feuchtsavanne im Zentrum des Landes
a contaminação	Verschmutzung, Verseuchung
o contaminante	Schadstoff
o efluente / o esgoto	Abwasser
a floresta / o fogo	Wald / Feuer
o fungo / o incêndio	Pilz / Brand
o lixo / o resíduo	Müll
a mata	Wald
o mau cheiro / o fedor	Geruchsbelästigung, Gestank
o meio ambiente	Umwelt
o parque / a reserva	Naturschutzgebiet
a poluição da água / do ar	Wasserverschmutzung / Luftverschmutzung
a poluição industrial	industrielle Umweltverschmutzung
a poluição sonora	Lärmbelastung
a proteção do meio ambiente	Umweltschutz
a queimada / o virus	Brandrodung / Virus

Amazonas

In einigen wenigen Gebieten tief im Amazonasgebiet sind gewisse Stechfliegen sehr häufig anzutreffen. Diese Fliege **pium** (oder **borrachudo** im Süden) ist sehr unangenehm. Man sollte vorher fragen, ob die Gegend damit verseucht ist. Malaria wird auch **maleita**, **paludismo** oder **sezão** genannt und als schwere Grippe angesehen.

igarapé	natürlicher Flußkanal
várzea	Überschwemmungsebene der Süßwasserflüsse
igapó	Vegetation der **várzea**
mata de terra firme	Wald oberhalb der **várzea**
picada	Dschungelpfad oder Biß einer Schlange, Stich eines Insektes
enchente	Überschwemmung
igarité	kleines Boot (1 bis 2 Tonnen)
gaiola	Passagierschiff (*Käfig*)
a muriçoca	Mücke (im Süden: **pernilongo** oder **mosquito**)
a pororoca	Zusammenstoß des Flußwassers mit der Meeresflut

a anta	Tapir	**a jibóia**	Boa
a arara	Papagei	**a mariposa**	Nachtfalter
a barata	Kakerlake	**a onça-parda**	Puma
o beija-flor	Kolibri	**a rã**	Frosch
o bicho-preguiça	Faultier	**a sucurí**	Anaconda
a capivara	Wasserschwein	**o tamanduá**	Ameisenbär
o cupim	Termite	**o tatú**	Gürteltier
o gambá	Opossum	**o tubarão**	Hai
o iguana	Leguan	**o urubú**	Geier
o jacaré	Krokodil		

A ARARA
A JIBÓIA
O GAMBÁ
O IGUANA
O TAMANDUÁ
A RÃ
A ONÇA

Reisen und Wohnen

Zelten kann man an den meisten Stränden. Gehen Sie mit Ihrem Zelt nicht in die Wildnis oder totale Isolation. Die Gefahr kommt von Menschen, denen es nicht so gut geht wie Ihnen. Für's Camping gibt es Broschüren (Kiosk), in denen alle organisierten Plätze in Brasilien aufgeführt sind. Auch in sehr entlegenen Gegenden findet man in Dörfern kleine und billige Hotels.

o acampamento	Campingplatz	**livre**	frei
a água	Wasser	**a luz**	Licht
o banheiro	Bad, Toilette	**a mesa**	Tisch
a barraca	Zelt	**o mosquiteiro**	Moskitonetz
a cama	Bett	**mulheres/senhoras**	Frauen, Damen
a casa	Haus	**o pátio**	Innenhof
a chave	Schlüssel	**a pensão/a pousada**	Pension
o chuveiro	Dusche	**a pia**	Waschbecken
o cobertor	Decke	**a porta**	Tür
o cofre do hotel	Hotelsafe	**o preço**	Preis
a cozinha	Küche	**o quarto (de dormir)**	(Schlaf-)Zimmer
depositar	aufbewahren	**o sabão/o sabonete**	Seife/bessere Seife
dormir	schlafen	**a sala de visita**	Wohnzimmer
homens	Männer, Herren	**a tenda**	Zelt
o hotel	Hotel	**o terraço**	Terrasse
a informação	Information	**o toalha**	Handtuch
o jardim	Garten	**a torneira**	Wasserhahn
a lanterna	Taschenlampe	**o travesseiro**	Kopfkissen
lavar	waschen	**a vela**	Kerze
o lençol	Bettlaken		

Eu procuro um hotel barato.
ich (ich-)suche ein Hotel billig
Ich suche ein billiges Hotel.

Quanto custa por noite?
wieviel kostet für Nacht?
Wieviel kostet es pro Nacht?

Quanto é a diária?
wieviel ist der Tagessatz?
Wie hoch ist der Tagessatz?

Posso ver o quarto?
(ich-)kann sehen der Zimmer?
Kann ich das Zimmer sehen?

Quero uma cama de casal.
(ich-)will eine Bett von Ehepaar
Ich möchte ein Doppelbett.

Só tem cama de solteiro.
nur hat Bett von ledig
Es gibt nur Einzelbetten.

Eu viajo sozinho.
ich (ich-)reise alleine
Ich reise alleine.

Nós somos quatro pessoas.
wir (wir-)sind vier Personen
Wir sind vier Personen.

Tem apartamento com cinco camas?
hat Apartment mit fünf Betten?
Haben Sie ein Zimmer mit fünf Betten?

Gostaria de ver um outro apartamento.
(ich-)möchte zu sehen ein anderes Apartment
Ich möchte ein anderes Apartment sehen.

Quero um apartamento com vista para o mar.
(ich-)will ein Apartment mit Blick für der Meer
Ich möchte ein Zimmer mit Blick auf das Meer.

Preciso de uma toalha de banho.
(ich-)benötige von einem Handtuch von Bad
Ich brauche ein Badehandtuch.

Eu quero mais um travesseiro/um cobertor.
ich (ich-)will mehr ein Kopfkissen/ein Decke
Ich möchte noch ein Kopfkissen/eine Decke.

O ventilador está quebrado.
der Ventilator ist kaputt
Der Ventilator ist kaputt.

O chuveiro não funciona.
der Dusche nicht funktioniert
Die Dusche funktioniert nicht.

O ar condicionado faz muito barulho.
der Luft Konditionierer macht viel Krach
Die Klimaanlage ist sehr laut.

O meu quarto tem muitas baratas.
der mein Zimmer hat viele Kakerlaken
In meinem Zimmer sind viele Kakerlaken.

Tem um apartamento mais silencioso?
hat ein Zimmer mehr leise?
Haben Sie ein ruhigeres Zimmer?

Vou sair amanhã do hotel.
(ich-)werde weggehen morgen vom Hotel
Ich werde morgen abreisen.

Vou ficar seis dias na pousada.
(ich-)werde bleiben sechs Tage in Pension
Ich werde sechs Tage in der Pension bleiben.

Tem cofre no hotel?
hat Safe im Hotel?
Gibt es einen Safe im Hotel?

Aceita cartão de crédito?
akzeptiert Karte von Kredit?
Akzeptieren Sie Kreditkarten?

A conta está errada.
die Rechnung ist falsch
Die Rechnung ist falsch.

In fast allen Hotels, **pensões** oder **pousadas** kann man oft, vor allem in der Zwischensaison, die Tagessätze runterhandeln mit dem Hinweis, man arbeite bei einer großen Firma, müsse viele Kinder ernähren oder ähnliches.

In besseren Hotels sollte man die Telefonrechnung sorgfältig prüfen. Bei Anrufen nach Deutschland, zum Beispiel, werden ab dem dritten oder vierten Rufzeichen Gebühren kassiert, auch wenn kein Gespräch zustande gekommen ist. Das kann dann ganz schön teuer werden, auch wenn man überhaupt kein Telefonat geführt hat.

Wertsachen prinzipiell im Safe des Hotels aufbewahren oder am Empfang deponieren.

Im Schlafzimmer		In der Küche	
o armário	Schrank	**a cadeira**	Stuhl
a cama (de casal)	(Ehe-)Bett	**a colher**	Löffel
o cobertor	Decke	**o copo**	Glas
o colchão	Matratze	**a faca/o garfo**	Messer/Gabel
o espelho	Spiegel	**a geladeira**	Eisschrank
a fronha	Kissenüberzug	**a mesa**	Tisch
o guarda-roupa	Kleiderschrank	**a panela/o parto**	Topf/Teller
o lençol	Bettlaken	**a pia**	Spülbecken
o travesseiro	Kopfkissen	**o tempero**	Würzmittel
		a xícara	Tasse

Einladungen, zu Gast sein

Bei einer Einladung zu einem Abendessen z.B. ist es nicht üblich, Gastgeschenke mitzubringen, wird aber gerne gesehen. Geld zu geben als Gegenleistung für Essen und Wohnen gilt in der Regel als eine Beleidigung. Auch die Ärmsten sind bereit, dem Gast das letzte Brot zu geben. Unangemessene Geschenke können mit einer Ausrede abgewiesen werden.

Bei einer Einladung in ein Restaurant übernimmt der Gastgeber meistens alle Kosten. In den größeren Städten ist das Teilen der Rechnung schon üblicher, aber nicht die Regel.

Sou o Fritz da Alemanha.
(ich-)bin der Fritz aus Deutschland
Ich bin Fritz aus Deutschland.

Muito prazer. Me chamo João.
sehr angenehm. mich nenne João
Sehr angenehm. Ich heiße João (Johannes).

Muito obrigado pelo convite.
vielen Dank für-der Einladung
Vielen Dank für die Einladung.
(Die Frau bedankt sich mit **obrigada**, der Mann mit **obrigado**.)

Eu pago a conta.
ich (ich-)zahle die Rechnung
Ich übernehme die Rechnung.

Vamos dividir a conta.
(wir-)werden teilen die Rechnung
Wir werden die Rechnung teilen.

Você é meu convidado/minha convidada.
du bist mein Eingeladener/meine Eingeladene
Du bist mein Gast.

Posso ficar na sua casa?
(ich-)kann bleiben in dein Haus?
Kann ich bei Ihnen/Dir bleiben?

Este convite vale para você e seu acompanhante.
dieser Einladung gilt für dich und dein Begleiter
Diese Einladung gilt für Dich und Deinen Begleiter.

Gängige Redewendungen:

Cavalo dado não se olha os dentes.
Pferd gegeben nicht man guckt die Zähne
Einem geschenkten Gaul schaut man nicht ins Maul.

Visita na casa dos outros é como peixe: depois de tres dias fede.
Besuch in Haus von anderen ist wie Fisch: nach drei Tagen (er-)stinkt
Besuch ist wie Fisch: nach drei Tagen fängt er an zu stinken.

Antes só do que mal acompanhado/a.
bevor allein denn als schlecht begleitet
Lieber allein als in schlechter Begleitung.

a família	Familie		
o pai/a mãe	Vater/Mutter		
o irmão/a irmã	Bruder/Schwester		
o tio/a tia	Onkel/Tante		
avô/avó	Opa/Oma		
bebê/nenê	Baby		
primo/prima	Vetter/Kusine		
neto/neta	Enkel/Enkelin		
o/a caçula	der/die Jüngste	**o convite**	Einladung
o mais velho	der Älteste	**o/a convidado/-a**	der/die Eingeladene
o xará	Namensvetter	**o presente**	Geschenk
o apelido	Spitzname	**o anfítrião/a anfítriã**	Gastgeber/in

Fotografieren

Bevor man jemanden fotografiert, sollte man seine Einwilligung einholen. Nicht selten wird etwas Geld verlangt. Keine Kasernen, militärische Anlagen oder Polizisten fotografieren. Je nach Lage der Nation kann man dafür in den Knast kommen.

a câmara fotográfica	Fotoapparat
o filme de diapositivos	Diafilm
filme para negativos em cor	Farbfilm (Papier)
branco e preto	Schwarzweiß
revelar	entwickeln
tirar uma foto	ein Foto machen

Posso tirar uma foto(grafia) da sua casa?
(ich-)kann schießen eine Foto von dein Haus?
Darf ich ein Foto von Deinem Haus machen?

Quero tirar uma foto de todos nós.
(ich-)will schießen eine Foto von allen uns
Ich möchte ein Foto von uns allen machen.

Essen und Trinken

a comida	Essen	**a sobremesa**	Nachtisch
comer	essen	**a sopa/o caldo**	Suppe/Brühe
a refeição	Mahlzeit	**quente/frio**	heiß/kalt
o restaurante	Restaurant	**o café da manhã**	Frühstück
a lanchonete	Restaurant/Imbiß	**o almoço**	Mittagessen
o bar	Restaurant/Imbiß	**a janta/o jantar**	Abendessen
o cardápio	Speisekarte	**o lanche**	Zwischenmahlzeit
o garçom	Kellner	**os talheres**	Besteck
a garçonete	Kellnerin	**a colher**	Löffel
pagar	bezahlen	**a faca**	Messer
a conta	Rechnung	**o garfo**	Gabel
a entrada	Vorspeise	**a bandeja**	Tablett

a brasa/a grelha	Grill	**morno**	lauwarm
o churrasco	Grill (Party)	**o prato**	Teller; Gericht
frito/cozido	gebraten/gekocht	**tira-gosto**	Vorspeisen, kleine Gerichte
mal passado	angebraten		
bem passado	durchgebraten	**espeto**	Spieß
no ponto	medium	**bom apetite**	Guten Appetit!

In Restaurants, die sich **rodizío** nennen, bezahlt man eine relativ geringe Pauschale und darf dafür den ganzen Tag bzw. die ganze Nacht frisch gegrilltes Fleisch essen. Salat und Gemüse auch. **Bom apetite**!

Fisch/Meerestiere			
o arenque	Hering	**a lula**	Tintenfisch
o camarão	Krabben	**os mexilhões**	Miesmuscheln
a carpa	Karpfen	**as ostras**	Austern
os frutos do mar	Meeresfrüchte	**o peixe**	Fisch
a lagosta	Languste	**o sirí/o caranguejo**	Krebs
a lagostinha	Garnele	**a truta**	Forelle
o linguado	Butt		

Beilagen			
o arroz	Reis	**o macarrão**	Nudeln
a batata	Kartoffel	**a mandioca cozida**	gekoch. Maniok
as batatas cozidas	Salzkartoffeln	**o milho**	Mais
as batatinhas fritas	Bratkartoffeln	**o purê de batata**	Kartoffelbrei
a farinha de mandioca	Maniokmehl	**o trigo**	Weizen
a farofa	Maniok mit Zutaten		

Fleisch			
a calabresa	gebratene Wurst		
a carne de porco	Schweinefleisch		
a carne de boi/vitela	Rind-/Kalbfleisch		
a costela	Rippe		
a dobradinha	Pansengericht		
no espeto	am Spieß		
o fígado	Leber		
o filé mignon/o lombo	Rumpsteak, Lendenstück		
o frango (de leite)	(junges) Brathähnchen		
a galinha	Huhn		
a linguiça/o chouriço	Wurst	**a picanha**	zartes Rindfleis.
o pato	Ente	**os rins**	Nieren
o perú	Truthahn	**a salsicha**	Würstchen

Jede Region Brasiliens hat sehr schmackhafte Spezialitäten. Angst muß man nur in Bahia haben, wenn man gefragt wird, ob man das Gericht **quente** also heiß haben will. Das bedeutet viel Pfeffer **malagueta**.

Gewürze			
o açúcar/doce	Zucker/süß	**a mostarda/o óleo**	Senf/Öl
amargo/azedo	bitter/sauer	**a pimenta do reino**	Pfeffer
os condimentos	Gewürze	**a pimenta malagueta**	sehr scharfer
a manteiga	Butter		Pfeffer
o mel/o molho	Honig/Soße	**o sal/o vinagre**	Salz/Essig

Gemüse und Salate			
o agrião	Brunnenkresse	**a mandioca**	Maniok
a alface	Kopfsalat	**o palmito**	Palmenherz
o alho	Knoblauch	**o pepino**	Gurke
a batata-doce	Süßkartoffel	**o pimentão**	Paprika
a cebola	Zwiebel	**o repolho**	Weiß-Rot-Kohl
as cenouras	Möhren	**a salada (mista)**	(gemischter) Salat
o chucrute	Sauerkraut	**a salada de vagens**	Bohnensalat
a couve-flor	Blumenkohl	**o tomate**	Tomate
as ervilhas	Erbsen	**a verdura**	Gemüse
o espinafre	Spinat		

Die Zahl der exotischen Früchte ist sehr groß. Ich kann hier nicht alle aufzählen. Man sollte aber alle probieren.

Früchte			
o abacate	Avocado	**o limão**	Zitrone
o abacaxi	Ananas	**a maçã**	Apfel
a ameixa amarela	Nesper	**o mamão**	Papaya
a banana	Banane	**a manga**	Mango
o caju	Cashew	**a melancía**	Wassermelone
o côco	Kokosnuß	**a mexerica**	Mandarine
o figo	Feige	**a pêra**	Birne
a fruta	Frucht	**o pêssego**	Pfirsich
a goiaba	Guave	**a tangerina**	Mandarine
a jaboticaba	*	**as uvas**	Weintrauben
a laranja	Apfelsine	*kirschgroße, schwarze Frucht	

Gerichte und Spezialitäten	
o feijão com arroz	Bohnen mit Reis
a feijoada completa	Nationalgericht mit Bohnen
o virado de feijão	Bohnen + Zutaten
o vatapá	Krabben + Huhn
a bacalhoada (Port.)	Kabeljaugericht
o sanduiche	Sandwich
- com pernil	- mit Schweinefleisch
- cachorro quente	- mit Wurst
- misto (quente)	- mit Käse und gekochtem Schinken
- americano	- wie misto + Salat
churrasquinho	Brot mit Speck
o pastel	Pastete
- de palmito	- mit Palmenherzen
- de carne	- mit Fleisch
- de queijo	- mit Käse
o caldo de cana	Zuckerrohrsaft
as empadinhas	Pastetenart mit Füllungen
a coxa de galinha	Teig + Huhnschenkel
o bolinho	Teig + Füllungen
- de camarão	- mit Krabben
- de carne	- mit Fleisch
bobó de camarão	afro-bras. Krabbengericht wie
muqueca	Eintopf aus Meeresfrüchten u. a.
a empada	Pastetenart mit Füllung
o doce de (frutas)	Früchte in Sirup u. ä.
a goiabada	Guavenkonfitüre
a cocada	Kokosnuß in Zucker
a marmelada	Konfitüre (Quitten u. ä.)
o pé-de-moleque	Erdnuß + Zucker
o quindim	Ei + Kokos + Zucker
o ovo (mexido)	(Rühr-)Ei
o ovo frito/estrelado	Spiegelei
o ovo cozido duro/mole	hartes/weiches Ei

Manche Lokale sind auf Säfte und auf Säftecocktails spezialisiert. Schmeckt unheimlich gut, und wenn Sie nicht aufpassen, sind Sie schnell **bebado**.

Getränke	
beber/tomar	trinken
bebado	betrunken
a ressaca	Kater
a bebida	Getränk
a água mineral	Mineralwasser
a água potável	Trinkwasser
a água tônica	Tonic Water
o chá	Tee
o chimarrão	Mate-Tee in Kalebasse
o café/o cafezinho	Kaffee/Espresso
o café com leite	Kaffee mit Milch
o café sem açúcar	Kaffee ohne Zucker
a média	1/2 Kaffee, 1/2 Milch
o pingado	Milch mit etwas Kaffee
o chocolate/o cacau	Schokolade/Kakao
o gelo/o sorvete	Eis (gefrorenes Wasser)/Speiseeis
a laranjada	Orangensaft
o suco de ...	Saft von ... (Frucht)
o guaraná	Limonadenart
a soda	süßer Sprudel
a cerveja	Bier
o vinho tinto/branco	Rotwein/Weißwein
seco/doce	trocken/süß
o aperitivo/o aguardente	Aperitif/Schnaps
a pinga/a cachaça	Zuckerrohrschnaps
a caipirinha	Zitrone, Schnaps und Eis
a batida de ...	Schnaps und Fruchtsaft
a caipirosca	Zitrone, Wodka und Eis
o copo/a xícara	Glas/Tasse
a garrafa	Flasche

Gebäck			
o bolo	Kuchen	**o pão (integral)**	(Vollkorn-)Brot
a torta	Torte	**o pãozinho**	Brötchen

In vielen Restaurants reicht oftmals eine Portion für zwei Personen. Deshalb ist es ratsam, immer zu fragen, ob ein Gericht für zwei ausreichend sei. Irren ist menschlich, deshalb die Rechnung immer kontrollieren.

Die meisten Brasilianer lieben viel Zucker im Kaffee, in Säften und Getränken. Deshalb:

com pouco/sem açúcar
mit wenig/ohne Zucker
mit wenig/ohne Zucker

Tem adoçante, por favor?
hat Süßstoff, für Gefallen?
Haben Sie Süßstoff?

O prato dá para duas pessoas?
der Gericht gibt für zwei Personen?
Reicht das Gericht für zwei Personen?

Quero a carne bem passada.
(ich-)will die Fleisch gut gebraten
Ich möchte das Fleisch gut durchgebraten.

Gosto do bife mal passado.
(ich-)mag von Steak schlecht gebraten
Ich möchte das Steak englisch.

Prefiro a carne no ponto.
(ich-)bevorzuge die Fleisch am Punkt
Ich möchte das Fleisch medium.

Não gosto de comida fria.
nicht (ich-)liebe von Essen kalt
Ich mag kein kaltes Essen.

Quero a sopa quente.
(ich-)will die Suppe heiß
Ich möchte eine heiße Suppe.

Pode esquentar esta pizza?
(er-)kann erhitzen diese Pizza?
Können Sie diese Pizza warmmachen?

Quero uma laranjada natural, sem açúcar e sem gelo.
(ich-)will eine Orangensaft natürlich, ohne Zucker und ohne Eis
Ich möchte einen naturbelassenen Orangensaft,
ohne Zucker und ohne Eis.

Quero um suco de mamão sem gelo e sem açúcar.
(ich-)will ein Saft von Papaya ohne Eis und ohne Zucker
Ich möchte einen Papayasaft ohne Eis und ohne Zucker.

Quero a caipirinha com pouco açúcar.
(ich-)will die caipirinha mit wenig Zucker
Ich möchte die Caipirinha mit wenig Zucker.

Pode trazer um cinzeiro, por favor?
(er-)kann bringen ein Aschenbecher, für Gefallen?
Können Sie bitte einen Aschenbecher bringen?

Pode trazer o sal, a pimenta, o azeite, o vinagre, o limão?
(er-)kann bringen der Salz, die Pfeffer, der Öl, der Essig, der Limone?
Können Sie Salz, Pfeffer, Öl, Essig, Limone bringen?

Estou com muita/pouca fome.
(ich-)bin mit viel/wenig Hunger
Ich habe großen/wenig Hunger.

Estou sem fome.
(ich-)bin ohne Hunger
Ich habe keinen Hunger.

Estou morrendo de fome.
(ich-)bin sterbend von Hunger
Ich sterbe vor Hunger.

Este prato é delicioso.
dieser Teller ist köstlich
Dieses Gericht ist köstlich.

Este restaurante é bom.
dieser Restaurant ist gut
Dieses Restaurant ist gut.

Aquele bar tem boa comida.
jene Bar hat gutes Essen
In dieser Bar gibt es gutes Essen.

Quero pagar a conta.
(ich-)will zahlen die Rechnung
Die Rechnung, bitte.

A conta está errada.
die Rechnung ist falsch
Die Rechnung ist nicht korrekt.

A taxa de serviço está incluida?
die Gebühr von Dienst ist inbegriffen?
Ist Bedienung inbegriffen (10% Bedienung)?

A gorjeta está incluida?
die Trinkgeld ist inbegriffen?
Ist Trinkgeld inbegriffen?

Aceita cartão de crédito?
akzeptiert Karte von Kredit?
Akzeptieren Sie Kreditkarten?

Kaufen und Handeln

In den Großstädten wird selten gehandelt. Da geht's wie in der BRD zu. Man kann aber in kleineren Läden und auf Märkten einen Rabatt (**desconto**) raushandeln.

Im Landesinnern, vor allem im Nordosten, Norden, bis Minas Gerais müssen Sie feilschen. Sie werden sofort als Ausländer erkannt und die Ware wird 500 Prozent teurer. Wenn der Händler 100 sagt, gehen Sie mindestens auf 20. Bei 30 oder 35 kann man sich dann einigen. Das Feilschen gehört einfach zum Verkaufsritual.

Lassen Sie sich bei dieser Gelegenheit nicht zu tief in den Geldbeutel schauen, und nehmen Sie nicht das "große" Geld mit.

o preço fixo	fester Preis	**oferecer**	(an)bieten
o desconto	Rabatt	**negociar**	verhandeln
a prestação	in Raten	**regatear**	feilschen
a entrada	Anzahlung	**comprar**	kaufen
o negócio/a loja	Geschäft, Laden	**levar**	mitnehmen
aberto/fechado	geöffnet/geschlossen	**embrulhar**	einpacken
o vendedor	Verkäufer	**importar/exportar**	ein-/ausführen
o imposto	Steuer	**feito à mão**	handgemacht
o comércio	Handel	**a imitação**	nachgemacht
o comerciante	Händler	**o artesanato**	Kunsthandwerk
barato/a	billig	**a qualidade**	Qualität
caro/a	teuer	**a quantidade**	Menge
mais/menos	mehr/weniger	**a cor/o tamanho**	Farbe/Größe

In einigen Touristenzentren wie Foz do Iguaçú und Puerto Stroessner bilden die Händler ein Kartell, und es ist fast unmöglich, die Preise zu drücken.

Waren

a jóia	Schmuck
a prata/o ouro	Silber/Gold
a pedra preciosa	Edelstein
a renda	Spitze
o couro	Leder
o chapéu (de couro)	(Leder-)Hut
o quadro	Bild
o livro/o caderno	Buch/Heft
os sapatos/as sandálias	Schuhe/Sandalen
a rede	Hängematte/Netz
o berimbau	afrik. Musikinstrument
as figuras de barro	Keramikfiguren

Quanto custa este/esta ...?
wieviel kostet dieser/diese ...?
Wieviel kostet dieser/diese ...?

É muito caro
ist viel teuer
Das ist sehr teuer.

Quero o mais barato.
(ich-)will der mehr billig
Ich möchte das billigste.

Sou estudante e não tenho dinheiro,
(ich-)bin Student und nicht (ich-)habe Geld
Ich bin Student und habe kein Geld.

Não pode dar um desconto?
nicht kann geben ein Rabatt?
Können Sie Rabatt geben?

Não sou turista rico.
nicht (ich-)bin Tourist reich
Ich bin kein reicher Tourist.

Quanto custa a rede?
wieviel kostet die Netz?
Wieviel kostet die Hängematte?

Está muito caro.
(sie-)ist viel teuer
Das ist sehr teuer.

Quero um desconto.
(ich-)will ein Rabatt
Ich möchte einen Rabatt.

Tem uma sacola?
(du-)hast eine Tüte?
Haben Sie eine Tüte?

Aceita dólar?
(du-)akzeptierst Dollar?
Akzeptierst Du Dollar?

Quanto paga pelo dólar?
wieviel (du-)zahlst für Dollar?
Wieviel zahlst Du für Dollar?

Não quero comprar.
nicht (ich-)will kaufen
Ich möchte nichts kaufen.

Krank sein

Reisen Sie nur mit einer Krankenversicherung, die Sie in der BRD abgeschlossen haben. Medizin gehört in Brasilien zur Privatwirtschaft, und ein Krankenhausaufenthalt kann sehr teuer werden.

Der Apotheker hat in Brasilien die Funktion des "Barfußarztes". Wenn man nicht sehr krank ist, geht man zur Apotheke, **farmácia**. Der Apotheker macht die Diagnose und Behandlung, spritzt Antibiotika mit großer Freude. Dort behandelt der Brasilianer seinen Tripper.

In armen Gegenden, wo es auch Wassermangel gibt, kann das Wasser verseucht sein. Nur Mineralwasser oder ähnliches trinken. Fruchtsäfte nur trinken, wenn kein Wasser dazu kommt (**laranjada**). Frische Salate vermeiden, da mit Wasser gewaschen. Nur Schalenfrüchte essen.

In jedem Lebensmittelgeschäft bekommt man ganz billig Hypochlorit (HCI) zu 2 - 3% verdünnt. Es wird als **água sanitária** oder **cândida** bezeichnet. Mit einem Teelöffel pro Liter verdünnt, sollte man alle Früchte etwa 20 Minuten eintauchen, waschen und erst dann verzehren. Salate, die so behandelt wurden, kann man getrost essen.

Wer eine empfindliche Darmflora hat, sollte sich die Zähne mindestens in den ersten Tagen mit Mineralwasser putzen. Bei Durchfall soll das Kochwasser von Reis wahre Wunder bewirken. Nicht vergessen, dabei viel Cola oder Kokosnußwasser zu trinken.

Por favor, chame um médico.
für Gefallen, rufe ein Arzt
Rufe bitte einen Arzt.

Preciso de um médico com urgência.
(ich-)brauche von ein Arzt mit Eile
Ich brauche dringend einen Arzt.

Onde tem um médico/um pronto-socorro?
wo hat ein Arzt/ein Erste-Hilfe?
Wo gibt es einen Arzt/eine Erste-Hilfe Klinik?

Estou passando mal.
(ich-)bin fühlend schlecht
Ich fühle mich schlecht.

Tenho dores fortes aqui.
(ich-)habe Schmerzen starke hier
Ich habe hier starke Schmerzen.

Preciso de um remédio contra dor de ...
(ich-)brauche von ein Medikament gegen Schmerz von ...
Ich brauche ein Medikament gegen ...schmerzen.

Eu preciso de uma conta/um atestado.
ich (ich-)brauche von eine Rechnung/ein Bescheinigung
Ich brauche eine Rechnung/ein Attest.

Escreva no recibo o tratamento/diagnóstico.
(du-)schreibst auf Quittung der Behandlung/Diagnose
Schreiben sie auf die Quittung bitte die Behandlung/Diagnose.

Tenho seguro particular.
(ich-)habe Versicherung privat
Ich bin privat versichert.

Não tenho seguro no Brasil.
nicht (ich-)habe Versicherung in Brasilien
Ich bin in Brasilien nicht versichert.

Quanto é a consulta?
wieviel ist die Sprechstunde?
Was kostet die Konsultation?

Aceita cartão de crédito?
akzeptiert Karte von Kredit?
Akzeptieren Sie Kreditkarten?

a alergía - Allergie
a farmácia - Apotheke
o médico - Arzt
o tratamento - Behandlung
o atestado - Bescheinigung
a bexiga - Blase
a apendicite - Blinddarmentzündung
o sangue - Blut
a hemorragia - Blutung
a cólera - Cholera
o intestino - Darm
o diagnóstico - Diagnose
urgente - dringend
a pressão - Druck
a desintería/diarréia - Durchfall
o pus - Eiter
a infecção/a inflamação - Entzündung
vomitar - erbrechen
o resfriado - Erkältung
a febre - Fieber
a febre amarela - Gelbfieber
a gripe - Grippe
a dor de garganta - Halsschmerzen
o esparadrapo - Heftpflaster
a hepatite - Hepatitis
o coração - Herz
o socorro - Hilfe
a tosse - Husten
a cárie - Karies
o osso - Knochen
a fratura - Knochenbruch
a dor de cabeça - Kopfschmerzen
o hospital/a clínica - Krankenhaus
a ambulância - Krankenwagen
a doença - Krankheit
o fígado - Leber
o pulmão - Lunge
o estômago - Magen
a malária - Malaria
as amídalas - Mandeln
o remédio - Medikament
o músculo - Muskel
o nervo - Nerv
os rins - Nieren
o desmaio - Ohnmacht
a operação - Operation
a obturação - Plombe
o pulso - Puls
a conta - Rechnung
a radiografia - Röntgenaufnahme
a pomada - Salbe
o analgésico - Schmerzmittel
a tontura - Schwindelgefühl
a insolação - Sonnenstich
a picada - Stich/Biß (Insekt/Schlange)
os comprimidos - Tabletten
as gotas - Tropfen
o pronto socorro - Unfallstation
a atadura - Verband
a queimadura - Verbrennung
o destroncamento - Verrenkung
a prisão de ventre - Verstopfung
ferir-se - sich verwunden
a ferida/o ferimento - Wunde
a raiz - Wurzel
o dente - Zahn
o dentista - Zahnarzt
a dor de dente - Zahnschmerzen

na farmácia/drogaria	in der Apotheke
o desinfetante	Desinfektionsmittel (**mercúrio cromo** oder **mertiolato**)
a água oxigenada	Wasserstoffperoxyd
o algodão	Watte
o gaze	Mullbinde
o analgésico	Schmerzmittel
o laxante	Abführmittel
o antiácido	Mittel gegen Sodbrennen
o anti-micótico	Pilzmittel
a pomada antibiótica	Antibiotikasalbe
o creme antialérgico	Antiallergische Salbe
o gel contra picada de inseto	Gel gegen Insektenstiche

Artikel zur persönlichen Hygiene:	
o absorvente/o modess	Damenbinde
a escova de cabelo	Haarbürste
o pente	Kamm
o sabão	Kernseife
o cortador de unha	Nagelschere
o estojo higiênico	Necessaire
o talco	Puder
o barbeador	Rasierer
a tesoura	Schere
o sabonete	Seife
o xampú	Shampoo
o tampão	Tampon
a pasta de dente	Zahnpasta

Auf dem Amt

Vor einigen Jahren wurde ein Entbürokratisierungsministerium gegründet. Einiges wurde vereinfacht, aber in der Regel läßt Kafka grüßen. Amtliche Angelegenheiten können wahnsinnig kompliziert sein. Deshalb gibt es in Brasilien auch einen sehr nützlichen Beruf: den **despachante**. Dieser Mensch wickelt alle Formalitäten für Sie ab: Einfuhr, Ausfuhr von Waren, besorgt Aufenthaltsbescheinigungen, Pässe, Personalausweise. Je eiliger man es hat, desto teurer wird der Service, weil die Beschleunigungsgelder (Bestechungen) höher sind.

o funcionário	Beamter
o departamento/a seção	Abteilung/Unterabteilung
a delegacia de estrangeiros	Ausländerabteilung
a embaixada	Botschaft
o consulado	Konsulat
o advogado/o cartório	Rechtsanwalt/Notar
a autorização	Erlaubnis/Genehmigung
reconhecimento de firma	Beglaubigung
a reclamação	Beschwerde
o depoimento	Aussage
importante	wichtig
a polícia federal	Bundespolizei (zuständig für Ausländerangelegenheiten, kann auch ohne große Bürokratie die Aufenthaltserlaubnis verlängern)

Quero falar com o chefe da seção.
(ich-)will sprechen mit der Chef von Unterabteilung
Ich möchte den Abteilungsleiter sprechen.

Formulare ausfüllen

o nome/o sobrenome	Name/Familienname
o domicílio/o endereço	Wohnort/Adresse
a data de nascimento	Geburtsdatum
o lugar de nascimento	Geburtsort
o país de origem	Herkunftsland
a idade/a assinatura	Alter/Unterschrift
o Estado/a cidade	Land/Stadt
a nacionalidade	Staatsangehörigkeit
a carteira de identidade	Personalausweis
o passaporte/o número	Pass/Nummer
a carteira de motorista	Führerschein
o estado civil/a religião	Familienstand/Religion
o vencimento/a prorrogação	Fälligkeit/Verlängerung
o visto/o certificado	Visum/Bescheinigung
a vacina/a alfándega	Impfung/Zoll
a entrada/a saida	Einreise/Ausreise

Das Visum für Touristen gilt drei Monate. Wer schnell eine Verlängerung braucht, macht eine Reise an die nächste Grenze, bekommt einen Ausreisevermerk und kommt sofort wieder zurück.

visto de permanência temporária
Visum von Aufenthalt temporär
begrenzte Aufenthaltserlaubnis

Não tenho nada a declarer.
nicht (ich-)habe nichts zu verzollen
Ich habe nichts zu verzollen.

Abra esta mala!
öffne diesen Koffer
Öffnen Sie diesen Koffer!

São coisas de uso pessoal.
(es-)sind Sachen für Gebrauch persönlich
Das sind Dinge für den persönlichen Gebrauch.

Bei der Polizei

a polícia	Polizei
a polícia militar	Militärpolizei PM
o guarda civil	Verkehrspolizei
a polícia rodoviária	Autobahnpolizei
a delegacia/o delegado	Polizeirevier/Kommissar
o soldado/o oficial	Soldat/Offizier
a denúncia/a queixa	Anzeige
o depoimento	Aussage
o estupro	Vergewaltigung
o assalto/o roubo	Überfall/Diebstahl
o ladrão/o delinquente	Dieb/Verbrecher
o bandido/o trombadinha	Bandit/kleiner Straßendieb
mãos ao alto	Hände hoch!
a pistola/o revólver	Pistole/Revolver
a faca/o pau/a pedra	Messer/Stock/Stein
os documentos	Papiere
as chaves/as malas	Schlüssel/Koffer
o seguro	Versicherung
levaram tudo	Sie haben alles mitgenommen.

Por favor, preciso de ajuda!
für Gefallen, (ich-)brauche von Hilfe
Bitte, ich brauche Hilfe.

Quedo dar queixa.
(ich-)will geben Anzeige
Ich möchte Anzeige erstatten.

Me roubaram a carteira com os documentos.
mir (sie-)stahlen die Brieftasche mit die Papiere
Man hat mir die Brieftasche mit den Papieren gestohlen.

Roubaram meu passaporte.
(sie-)stahlen mein Pass
Jemand hat meinen Pass gestohlen.

Perdí o meu passaporte.
(ich-)verlor der mein Pass
Ich habe meinen Paß verloren.

Sätze, die Sie wahrscheinlich (und hoffentlich) nie benutzen müssen:

Fui assaltado/a no ônibus.
(ich-)wurde überfallen im Omnibus
Ich wurde im Bus überfallen.

Roubaram a minha carteira.
(sie-)stahlen die meine Geldbörse
Man hat mein Portemonnaie gestohlen.

Levaram minhas roupas, o dinheiro e os documentos.
(sie-)nahmen meine Kleider, der Geld und die Dokumente
Sie haben meine Kleider, das Geld und die Papiere mitgenommen.

O policial roubou o resto.
der Polizist (er-)raubte der Rest
Der Polizist hat den Rest geklaut.

Minha mulher sumiu com todo o dinheiro.
meine Frau (sie-)verschwand mit all der Geld
Meine Frau ist mit dem ganzen Geld verschwunden.

Ele me bateu no rosto.
er mich schlug in-das Gesicht
Er hat mich ins Gesicht geschlagen.

A culpa sempre é da vítima.
die Schuld immer ist von Opfer
Schuld hat immer das Opfer.

Você precisa dar queixa na delegacia.
du (du-)mußt geben Anzeige in-die Polizeirevier
Du mußt bei der Polizei Anzeige erstatten.

Quero dar parte na delegacia.
(ich-)will geben Anzeige in-die Polizeirevier
Ich möchte bei der Polizei Anzeige erstatten.

A vítima faz um depoimento com o delegado.
die Opfer (sie-)macht ein Aussage mit dem Kommissar
Das Opfer macht eine Aussage beim Kommissar.

Preciso de uma cópia do boletim de ocorrência.
(ich-)benötige von eine Kopie von Bericht von Vorfall
Ich brauche eine Kopie des Polizeiberichts.

Qual o resultado da perícia?
welches der Ergebnis von-die Untersuchung?
Wie ist das Ergebnis der Untersuchung?

Armut und Unterdrückung

Ein alltägliches Bild sind bettelnde Kinder. Hier unterscheidet man zwei Kategorien:

criança DE rua

Sie leben von kleinen Diebstählen und schlafen auf der Straße, "schnüffeln" meistens Schusterleim und haben keine Bezugspersonen, bei denen sie wohnen könnten. Wenn ein Zehnjähriger Ihnen einen Revolver zeigt, ist dieser meistens echt, und der Junge kann auch damit umgehen.

criança DA rua
bettelt für die Familie und lebt bei ihr

Wenn Sie Ihr Auto irgendwo in der Stadt an der Straße parken, kommt meistens ein Kind oder ein Erwachsener, der auf den Wagen aufpassen möchte. Straßen mit viel Verkehr sind in umkämpfte Abschnitte eingeteilt. Falls Sie mit der Bewachung Ihres Autos nicht einverstanden sind, wird es später große Lackschäden aufweisen, verursacht durch Taschenmesser oder Nägel.

malandro	Gauner
moleque	frecher Junge
pivete	Straßenkind
safado	gemeiner Gauner
trombadinha	Straßenkind, das stiehlt

Gängige rassistische Sprüche:

É negro, mas tem um coração de branco.
(er-)ist Schwarzer aber (er-)hat ein Herz von weiß
Er ist Schwarzer, aber hat das Herz eines Weißen.

Branco que corre é atleta, preto que corre é ladrão.
Weißer was läuft ist Athlet Schwarzer was läuft ist Dieb
Ein Weißer, der läuft, ist ein Athlet; ein Schwarzer, der läuft, ist ein Dieb.

Preto, quando não caga na entrada, caga na saida.
Schwarzer wenn nicht kackt am Eingang kackt am Ausgang
Wenn ein Schwarzer nicht am Eingang kackt, kackt er am Ausgang.

Religion

Brasilien soll das katholischste Land der Welt sein. Tatsache ist, daß viele Brasilianer mehreren Religionsgemeinschaften angehören, was eine gewisse Logik hat, da ja dadurch die Chancen größer werden, die richtige Religion erwischt zu haben.

Großen Einfluß haben afro-brasilianische Kulte. Sie sind bekannt unter Namen wie **Umbanda**, **Candomblé**, **Macumba** (im Ausland auch als Voodoo bekannt), **Capoeira** (auch ein Nahkampf) usw. Das Pantheon besteht aus vielen Göttern, die gleichzeitig auch Heilige der katholischen Kirche sind. Es lohnt sich sehr, ein **terreiro** zu besuchen, so heißt der Ort, wo die Zeremonien stattfinden. In manchen Städten wie Rio und Salvador gibt es Sonderveranstaltungen für Touristen.

Wie bereits im Vorwort erwähnt, ist die Gründung einer Religion einfach und billig. Der Seelenmarkt ist deshalb auch stark umkämpft. Allein in São Paulo gibt es mehr als 2000 Religionen. Groß im Rennen ist die **Igreja Universal** von Bischof Macedo. Filialen gibt es bereits in 20 Ländern, sie ist Eigentümerin einer Kette von TV- und Radiosendern und besitzt viele Tempel usw. Die Zahl der Wunder liegt im Durchschnitt viel höher als z. B. heute bei der katholischen Kirche, was auch die rasch anwachsenden Marktanteile erklärt.

a igreja/o templo/a capela	Kirche/Tempel/Kapelle
a missa/o culto/a comunidade	Messe/Kult/Gemeinde
o mosteiro, o convento/o terreiro	Kloster/Ort der afro-bras. Kulte
o padre/o sacerdote	Pater/Priester
o vigário/o pastor/a freira	Pfarrer/evang. Pfarrer/Nonne
o pai-de-santo/a mãe-de-santo	Priester/Priesterin von Umbanda usw. (*Vater/Mutter-von-Heiligen*)
o bispo/o papa/a papisa	Bischof/Papst/Päpstin
a alma/a fé/a oração/rezar	Seele/Glaube/Gebet/beten
o céu/o inferno/o pecado/pecar	Himmel/Hölle/Sünde/sündigen
o milagre/o santo, a santa	Wunder/Heilige(r)

Que horas começa a missa?
welche Stunden (sie-)beginnt die Messe?
Wann beginnt die Messe?

Onde tem um terreiro de candomblé/umbanda/macumba?
wo (es-)hat ein Ort von candomblé/umbanda/macumba?
Wo gibt es einen Ort für den ...-Kult?

Posso participar?
(ich-)kann teilnehmen
Darf ich teilnehmen?

Quero me converter.
(ich-)will mich bekehren
Ich möchte konvertieren.

Quero fundar uma nova religião.
(ich-)will gründen eine neue Religion
Ich möchte eine neue Religion gründen.

Geld und Bank

Vor wenigen Jahren gab es einen Schwarzmarkt, wo der Dollar und die DM manchmal 30 - 50% über dem amtlichen Kurs lagen. Diese schöne Zeit ist vorbei. Nach der Währungsreform von 1994 wurde der **REAL** eingeführt und die Parität mit dem Dollar fest verankert. Viele Banken und Wechselstuben tauschen Ihr Geld, auch Travellerschecks. Sehr selten klappt es mit Euroschecks. In der Regel ist es einfacher, Dollars zu wechseln. Im Norden und Nordosten wird DM in bar manchmal etwas geringer berechnet als Dollar. Kleine Scheine sind besser als große.

Sehr praktisch ist eine Kreditkarte. Auch Restaurants nehmen oft VISA, AMEX, Mastercard oder Diners an. Der Umrechnungskurs ist meistens günstiger als der Wechsel von Bargeld oder Schecks.

Die Währung wird jetzt, wie schon erwähnt, **REAL** genannt, unterteilt in 100 Einheiten, **o centavo** oder **os centavos**. Es gibt Münzen im Werte von 1, 5, 10, 25, 50 oder 100 **centavos**, oder besser, **1 Real**. Im Plural sagt man **REAIS**. Man muß sehr gute Augen haben, um die Münzen unterscheiden zu können. **Notas** (Scheine) gibt es zur Zeit für 1, 5, 10, 50 und 100 **Reais**.

o banco	Bank
a casa de câmbio	Wechselstube
o curso de câmbio	Wechselkurs
o dinheiro	Geld
a nota	Geldschein
o cheque de viagem	Reisescheck (TC)
o marco alemão	DM
trocar dinheiro	Geld wechseln
a transferência	Überweisung
a conta bancária	Bankkonto
o formulário	Formular
a caixa	Kasse

Onde tem um banco/uma casa de câmbio?
wo (es-)hat ein Bank/eine Haus von Wechsel?
Wo gibt es eine Bank/Wechselstube?

Quero trocar dinheiro/cem dólares.
(ich-)will wechseln Geld/100 Dollar
Ich möchte Geld/100 Dollar umtauschen.

Quanto está o câmbio?
wieviel ist der Wechsel?
Wie hoch ist der Wechselkurs?

Eu não tenho troco/dinheiro trocado.
ich nicht (ich-)habe Umtausch/Geld umgetauscht
Ich habe kein brasilianisches Geld.

Quero pagar com cartão de crédito.
(ich-)will zahlen mit Karte von Kredit
Ich möchte mit Kreditkarte bezahlen.

Qual é o seu cartão?
welche ist der dein Karte?
Welche Karte haben Sie?

Telefon und Post

In Brasilien kauft man an Kiosks, bei der Post, beim Straßenhändler oder bei Telefonzentralen **fichas telefônicas** (Telefonmünzen) für lokale oder nationale Gespräche. Man kann aber auch Telefonkarten kaufen, denn die entsprechenden Automaten findet man immer häufiger. Wenn man nichts dergleichen hat, kann man trotzdem von jedem Telefon aus anrufen und zwar mit der **chamada a cobrar** (R-Gespräch). Normalerweise wählt man erst die Nummer 9, danach die Vorwahl der Stadt und dann die Rufnummer. Die Gebühren zahlt der Gesprächspartner. Die "automatische Dame" der Telefongesellschaft fragt erst nach dem Namen und der Stadt, dann wird die Verbindung hergestellt.

Die Vermittlung der Telefongesellschaft sagt Ihnen bei der **chamada a cobrar** (R-Gespräch) folgendes:

Após o sinal, diga o seu nome e o lugar de onde está chamando.
nach der Zeichen sage der ihr Name und der Platz von wo (sie-)sind anrufend
Sagen Sie nach dem Signalton Ihren Namen und woher Sie anrufen.

Nachdem dies geschehen ist, nimmt Ihr Gesprächspartner das Gespräch an (oder auch nicht).

o telefone público/o orelhão	öffentl. Telefon/Straßentelefon
telefonar	telefonieren
a ligação/a chamada	Verbindung/Anruf, Gespräch
a chamada a cobrar	R-Gespräch
ocupado	besetzt
a ficha telefônica	Telefonmünze
o cartão telefônico	Telefonkarte
a lista telefônica	Telefonbuch
a carta/o cartão postal	Brief/Postkarte
a carta registrada	Einschreiben
o franquia/o selo	Porto/Briefmarke
o telegrama/o pacote	Telegramm/Paket
o guichê	Schalter
via aérea/via superfície	per Luftpost/per Schiff
via expressa/Sedex	per Eilpost/Eilpost
o prefixo internacional	Vorwahl des Landes
o código de área	Vorwahlnummer (Stadt)
DDD*/DDI*	Ferngespräch Inland/Ausland

***Discagem Direta à Distância/Discagem Direta Internacional**

Quero mandar uma carta registrada para a Alemanha.
(ich-)will senden eine Brief eingeschrieben nach die Deutschland
Ich möchte einen Einschreibebrief nach Deutschland schicken.

Quero comprar alguns selos.
(ich-)will kaufen einige Briefmarken
Ich möchte einige Briefmarken kaufen.

Quero telefonar para a Alemanha. O número é:
(ich-)will telefonieren nach die Deutschland. Der Nummer (er-)ist:
Ich möchte nach Deutschland telefonieren. Die Nummer ist:

Quero um cartão telefônico com cem unidades.
(ich-)will ein Karte telefonisch mit hundert Einheiten
Ich möchte eine Telefonkarte mit 100 Einheiten.

Sex und Liebe

Es ist relativ leicht, mit Brasilianer(inne)n Kontakt aufzunehmen. Nicht selten entstehen Freundschaften, oder man verliebt sich. Im Deutschen hat das Wort Freund/Freundin eine doppelte Bedeutung: es bezeichnet Freundschaft ohne Sexualität (**o/a amigo/a**) und auch den Liebhaber/die Geliebte (**o/a namorado/a**). Den Begriff des "Bekannten" kennt man in Brasilien nicht. Alles sind Freunde, auch wenn es sich in der Regel um oberflächliche Bekanntschaften handelt. Für Bekannte/r wird auch das Wort **a** oder **o colega** verwendet.

Viele Brasilianer reden mit Händen und Füßen. Es kann vorkommen, daß eine Frau oder ein Mann jemand anderen beim Sprechen berührt. Dies ist sehr oft keine Anmache, sondern lediglich ein Teil der Gestik. Das Berühren des Gesprächspartners gehört zur Körpersprache und hat in der Regel nicht die Bedeutung wie bei uns.

Eu gosto de você.
ich (ich-)mag von dir
Ich mag Dich.

Você é muito lindo/a.
du (du-)bist sehr schön
Du bist sehr hübsch.

Você é simpático/a.
du (du-)bist sympathisch
Du bist sympathisch.

Sou rico/a e solteiro/a.
(ich-)bin reich und ledig
Ich bin reich und ledig.

Sou livre e desimpedido.
(ich-)bin frei und unbehindert
Ich bin frei und ungebunden.

Estou apaixonado.
(ich-)bin verliebt
Ich bin verliebt.

Eu amo você.
ich (ich-)liebe dich
Ich liebe Dich.

Quero namorar com você.
(ich-)will lieben mit dir
Ich will mit Dir schlafen.

Você usa camisinha?
du (du-)benutzt Hemdchen
Benutzt Du ein Kondom?

Sou casado/a e tenho seis filhos.
(ich-)bin verheiratet und (ich-)habe sechs Söhne
Ich bin verheiratet und habe sechs Kinder.

Tenho um bom amigo.
(ich-)habe einen guten Freund
Ich habe einen guten Freund.

Gostaria de jantar com você.
(ich-)mag von abendessen mit dir
Ich möchte mit dir zu Abend essen.

Vamos ao cinema esta noite?
(wir-)gehen in-das Kino diese Nacht
Gehen wir heute abend ins Kino?

Você gosta de dançar?
du (du-)magst von tanzen?
Magst du tanzen?

Schwule und Lesben haben es in kleineren Städten schwer. In São Paulo, Rio de Janeiro, Salvador und anderen Großstädten gibt es gut strukturierte Organisationen, Nachtlokale usw.

Schwule bezeichnet man als **gay** oder **homosexual**. Ein Nachtlokal für Schwule nennt man auch **boite para entendidos**. **Entendido** bedeutet in etwa Sachverständiger, Wissender o.ä. Lesben, **lésbicas** oder **entendidas**, werden in der Umgangssprache als **sapatão** (großer Schuh) bezeichnet.

Kondom heißt **preservativo** und in der Umgangssprache sagt man **camisinha** (kleines Hemd). Man kauft sie in Apotheken und Drogerien. Automaten gibt es noch nicht.

o abraço/o beijo	Umarmung/Kuß
o encontro/a despedida	Treffen/Abschied
paquerar	flirten
amar/o amor	lieben/Liebe
o ódio	Haß
gostar/o gosto	mögen, gerne haben/Geschmack
o amigo/a amiga	Freund/Freundin
o namorado/a namorada	Freund/Freundin (Liebhaber)
o noivo/a noiva	Verlobter/Verlobte
casar/casado	heiraten/verheiratet

Über das Wesen der Brasilianer

Dieses Thema eignet sich hervorragend, um Vorurteile zu produzieren oder zu festigen, und es wurde schon eine Menge Unsinn darüber geschrieben. Mein Beitrag wird deshalb kurz und schmerzlos sein.

Der Brasilianer hat eine stabile und stark ausgeprägte Kultur. Sie war in der Lage, alle Einwanderer - Deutsche, Italiener, Polen, Portugiesen, Japaner usw. - zu integrieren.

Rassismus ist in Brasilien sehr verbreitet, trotz der starken Propaganda über beispielhaftes Zusammenleben der Rassen. Der brasilianische Rassismus hat sehr viel von einer starren Klassengesellschaft und trifft Arme, Schwarze und Indianer. Es ist schlecht, eine schwarze Hautfarbe zu haben, aber man kann es ändern: sich mit einer Weißen verheiraten und Mischlinge zeugen. Je heller die Hautfarbe, desto geringer sind die Vorurteile. Wirklich reiche Schwarze sind weiß (sehr selten). Indianische Vorfahren zu haben ist schön, aber Indianer zu sein, ist das Schlimmste.

Oft wird gesagt, daß der Brasilianer unpünktlich ist. Ist er auch, aber mit System. Das richtet sich nach der Wichtigkeit des Termins. Wichtiges wird pünktlich eingehalten.

Etwas über den Kulturschock

Die Vorbereitung sowie die ersten Wochen und Monate im Gastland sind in der Regel mit einer Hochstimmung bis hin zur Euphorie verbunden. Man erlebt Abenteuerliches; die Leute, die Kultur, die Landschaft, alles ist interessant und wunderbar. Nach einigen Wochen oder Monaten kann sich die Stimmung ändern. Die negativen Gefühle dem Gastland gegenüber häufen sich. Es stört, daß die Leute unzuverlässig sind, die Armut und Bettler gehen einem auf die Nerven, der Müll sowie der Geräuschpegel werden unerträglich. Die Klos sind schmutzig, der Verkehr ganz unmöglich. Manchmal treten sogar Depressionen auf. Dann haben Sie Ihren Kulturschock, der je nach individueller Belastbarkeit stärker oder unauffälliger sein kann. Nach Wochen oder Monaten verschwindet er dann auch wieder.

Die ersten Symptome sind meistens eher lustig: man vermißt das deutsche Vollkornbrötchen, den rohen Schinken, das reine Bier der Heimat usw.

Bei kurzen Aufenthalten treten solche negativen Stimmungsänderungen meistens nicht auf. Falls doch, können Sie sicher sein, daß es sich dabei um ein ganz normales Phänomen handelt, das alle Leute befällt, die längere Reisen machen, auch in Industrieländer.

Letztes Wochenende verbrachte ich im Hotel Bitingui an der Nordküste von Alagoas: wunderschöner, sauberer Strand mit Korallenriffs, Palmenhainen, drei Schwimmbäder, Reit- und Tauchgelegenheiten, billige und köstliche Langusten- und Krabbengerichte, schöne Zimmer mit Klimaanlage usw. Dort traf ich dann ein ganz unglückliches chilenisches Ehepaar. Ihnen fehlte das Spielcasino!

Seien Sie also auf der Hut, wenn Sie anfangen, das Gastland dauernd zu kritisieren.

Literaturhinweise

Lehrbücher

★**Português do Brasil**, Moema Parente Augel, Institut für Brasilienkunde e.V., Mettingen, 1984
★**Português para Estrangeiros**, Mercedes Marchant, Editora Sulina, Porto Alegre, Brasilien, 1982

für sehr Fortgeschrittene:
★**Grammatica metódica da lingua Portuguesa**, Napoleáo Mendes de Almeida, Edição Saraiva, 1981, São Paulo

Wörterbücher

Gibt es, mit Ausnahme des PONS Reisewörterbuchs Brasilianisch aus dem Klett Verlag, speziell für das brasilianische Portugiesisch nicht. Gute Portugiesisch-Wörterbücher geben aber auch vom Standard-Portugiesischen abweichende Vokabeln speziell für Brasilien an. Die Auswahl ist groß.

Wer sich ernsthaft mit der portugiesischen (brasilianischen) Sprache auseinandersetzen möchte, kauft das **Novo Dicionário Aurélio**, Editora Nova Fronteira, in jedem Buchladen erhältlich. Entspricht in etwa dem Wahrig.

Sonstige Empfehlungen

★**Guia Brasil**, von Quatro Rodas (Vier Räder), Editora Abril, wird jährlich neu aufgelegt und aktualisiert.

Dieser Reiseführer enthält eine Straßenkarte von Brasilien, bringt Anregungen über Reiserouten, Stadtpläne der wichtigsten Städte, Preise über Hotels, Restaurants, Sehenswürdigkeiten usw.

★**Viajar bem e barato** (Gut und billig reisen), auch von Quatro Rodas. Enthält ähnliche Informationen wie oben, bringt aber auf ca. 80 Seiten Vorschläge über Reiserouten, und bei Städten wird die Priorität auf "billig" gelegt.
★**Almanaque Abril**, von Editora Abril, eine Art Enzyklopädie mit Landkarten und vielen Informationen über Brasilien und die Welt. Hat fast 80 Seiten, wird jährlich aktualisiert und neu herausgegeben.
★**Guia de Praias** (Strandführer), auch von Editora Abril, zeigt mit guten Satellitenfotos 4000 km Strände, Reiserouten und gibt Tips zum Badeurlaub.
(Diese vier Werke finden Sie an fast jedem Zeitungskiosk.)
★**Schifaizfavoire** - *Dicionário de português*, von Mario Prata, Editora Globo, 1995. Ein sehr lustiges Büchlein über die Sprachunterschiede zwischen Brasilien und Portugal.
★**Guia dos Curiosos** (Führer der Neugierigen), von Marcelo Duarte, Verlag CIA das Letras.

Enthält über 550 Seiten nutzlose Informationen wie z. B., daß der erste Schritt bei der ersten Mondlandung mit Schuhgröße 41 getätigt wurde, daß Napoleon Bonaparte in der Hochzeitsnacht vom Hund der Ehefrau gebissen wurde, daß Walt Disney ursprünglich den Mickey Maus "Mortimer" nennen wollte oder daß 2800 Pizzas die Höhe des Turmes von Pisa erreichen würden. So nützlich wie das "Buch der Rekorde" und macht Spaß beim Erlernen der Sprache.
★**Dicionário de Baianês**, von Nivaldo Lariú, Verlag Gráfica da Bahia, 1992. Hier lernt man die Straßensprache von Salvador, Bahia.
★**Brasil Aventura 2**, von Ana Augusta Rocha und Roberto Linsker, Editora Terra Virgem. Dieses Buch zeigt die 10 schönsten Reiserouten des Landes, mit vielen Fotos.

und nicht zu vergessen:
★**Portugiesisch - Wort für Wort** von Jürg Ottinger, Kauderwelsch Band Nr. 11, Reise Know How Verlag Peter Rump GmbH.
ISBN: 3-89416-486-7.

Wörterlisten

Die folgenden Wörter, es sind an die 1000, werden Ihnen die Reise gewaltig erleichtern. Je häufiger sie angewendet werden, desto besser kann man sie sich merken. Das wichtigste ist also viel sprechen, auch wenn es am Anfang nicht immer ganz klappt.

Wörter, die mit **a** enden, sind weiblich, solche mit **o**, männlich. Wo das Geschlecht der Hauptwörter nicht eindeutig ist oder es sich um eine Ausnahme handelt, habe ich hinter dem Wort den Buchstaben m für männlich und w für weiblich hinzugefügt.

Deutsch – Brasilianisch

A

abbiegen - **dobrar; cruzar**
Abend - **noite w**
Abendessen - **janta**
Abenteuer - **aventura**
aber - **mas**
Aberglauben - **superstição w**
abfahren - **sair; partir**
Abfall - **lixo**
Abführmittel - **laxativo**
ablehnen - **rejeitar**
Abreise - **saida; partida w**
Abschied - **despedida**
Adresse - **endereço m**
Affe - **macaco**
ähnlich - **parecido**
alle - **todos**
alleine - **só; sozinho**
alles - **tudo**
allgemein - **em geral**
als - **quando**
alt - **velho**
Alter - **idade w**
Ameise - **formiga w**
Amt - **departamento**
an - **em; na; no**
Ananas - **abacaxí m**
anbieten - **oferecer**
andere - **outros**
ändern - **mudar**
Anfang/anfangen - **começo/começar**
Angestellter - **empregado**
Angst - **medo**
anhalten - **parar**
ankommen - **chegar**
Ankunft - **chegada**
anprobieren - **provar**
anschieben - **empurrar**
ansehen - **examinar**
Antwort/antworten - **resposta/responder**
anziehen - **por; vestir**
Apfel - **maçã**
Apotheke - **farmácia**
Arbeit - **trabalho**
Arbeiter - **trabalhador; operário**
arm - **pobre**
Arm - **braço**
Arznei - **médico**
Ast - **galho**
auch - **também**
auf - **sobre; em cima de**
Aufenthalt - **estadia**

aufhören - **parar**
aufmachen - **abrir**
aufstehen - **levantar**
Auge - **olho**
Augenblick - **momento**
aus - **de**
Ausgang - **saída**
ausgezeichnet - **excelente**
Auskunft - **informação w**
Ausland/Ausländer - **estrangeiro**
Ausnahme - **exceção**
außen - **de fora**
außer - **menos**
außerdem - **além disso**
aussteigen - **descer; sair**
Ausstellung - **exposição w**
Auto - **carro**

B
Baby - **nenê; bebê**
Bach - **riacho**
Bäckerei - **padaria**
Bad - **banheiro**
baden - **tomar banho**
Bahnhof - **estação de trem**
bald - **logo**
Banane - **banana**
Bank - **banco**
barfuß - **descalço**
Bart - **barba**
Bauch - **barriga**
Bauer - **camponês m**
Baum - **árvore w**
Beamter - **funcionário**
bedeuten - **significar**
beenden - **terminar**
Befehl - **ordem w**
Behälter - **recipiente m**
Behörde(n) - **autoridade(s)**
bei - **em casa de; em**
beide - **os dois; ambos**
Bein - **perna**
Beispiel - **exemplo**
beißen - **morder**
belästigen - **incomodar**
beleidigen - **ofender**
benötigen - **necessitar**
Benzin - **gasolina**
bereit - **pronto**
Berg - **montanha; monte**
Beruf - **profissão w**
besichtigen - **visitar**
besitzen - **ter**
besser - **melhor**
bestechen - **subornar**
Besteck - **talheres m**
bestellen/Bestellung - **pedir/pedido**
Besuch - **visita**
betrunken - **bebado**
Bett - **cama**
betteln - **pedir esmola**
Bettler - **mendicante**
Bevölkerung - **população w**
bevor - **antes**
Beweis - **prova**
bewußt - **consciente**
bezahlen - **pagar**
Bier - **cerveja**
Bild - **quadro; desenho**
billig - **barato**
bis - **até**
bisher - **até agora**
Bitte/bitten - **favor/pedir**
bitter - **amargo**
blaß - **pálido**
Blatt - **folha**
blau - **azul**
bleiben - **ficar**
blind - **cego**
Blume - **flor w**
Bluse - **blusa**
Blut - **sangue m**
Bohne - **feijão m**
Boot - **barco**
Botschaft - **embaixada**
Brand - **incêndio**

brauchen - **usar; necessitar**
braun - **castanho; marom**
Brief - **carta**
Brille - **óculos m**
bringen - **trazer**
Brot - **pão m**
Brücke - **ponte w**
Brust - **peito**
Buch/Buchhandlung - **livro/livraria**
Bucht - **baía; enseada w**
Büro - **escritório**
Bus - **ônibus m**
Butter - **manteiga**

C
Chance - **oportunidade w**
Chauvi - **machão**
Chef - **chef m**
Cholera - **cólera**
Creme - **creme m**

D
da - **alí**
Dach - **telhado**
Dampf - **vapor m**
danach - **depois**
daneben - **junto; ao lado**
danke (ich danke) - **obrigado/(a)**
Datum - **data w**
Dauer - **duração w**
Decke - **coberta**
dein - **seu**
denn - **pois**
deponieren - **depositar**
deutsch - **alemão m**
dick - **gordo**
Dieb/Diebstahl - **ladrão m/roubo**
Dienst - **serviço**
Dienstag - **terça - feira**
dies hier - **isto; este; esta**
dies dort - **aquilo; aquela; aquele**
Ding - **coisa**
direkt - **direto**
Dolmetscher - **intérprete m**
Donnerstag - **quinta-feira**
Doppelzimmer - **quarto de casal**
Dorf - **povoado**
dort - **alí; lá**
Dose - **lata**
draußen - **fora**
Dreck - **sujeira**
drinnen - **dentro**
du - **você**
dumm - **bobo**
dünn - **fino; magro**
durchfahren - **passar; atravessar**
Durchfall - **desintería**
Dusche - **chuveiro**
Dutzend - **dúzia**

E
echt - **autêntico**
Ecke - **canto; esquina**
egal - **tanto faz**
Ehefrau/Ehemann - **esposa/marido**
Ei - **ovo**
eigen - **próprio**
eilig - **apressado**
einige - **alguns**
einkaufen - **fazer compras**
einladen/Einladung - **convidar/convite m**
einmal - **uma vez**
einsteigen - **subir; entrar**
eintreten/Eintritt - **entrar/entrada**
einverstanden - **de acordo**
Einwohner - **habitante m**
Einzelzimmer - **quarto simples**
Eis - **gelo; sorvete m**
Eisenbahn - **trem m**
Elend - **miséria**
Eltern - **pais m**
empfehlen - **recomendar**
Ende - **fim m**
endgültig - **definitivo**
Ente - **pato**
entlassen - **despedir**

Entschädigung - **indenização**
Entschuldigung - **desculpa**
Entzündung - **infecção; inflamação**
Erde - **terra**
Erdnuß - **amendoim**
Erfolg - **sucesso**
erhalten - **receber**
erinnern - **lembrar**
Erkältung - **resfriado**
Erklärung - **explicação w**
erlauben - **permitir**
Ermäßigung - **desconto**
ernähren - **alimentar; nutrir**
Ernte - **colheita**
Ersatzteil - **peça de reposição**
erst - **primeiro**
erzählen/Erzählung - **contar/conto**
Esel - **burro**
eßbar - **comestível**
essen - **comer**
Etage - **andar m**
etwa - **mais ou menos**
etwas - **algo**

F

Fähre - **balsa**
fahren - **andar; viajar**
Fahrer - **motorista; condutor**
Fahrkarte - **passagem; bilhete**
Fahrpreis - **preço**
Fahrrad - **bicicleta**
Fahrt - **viagem**
fallen - **cair**
falsch - **falso; incorreto; errado**
Familie - **família**
fangen - **pegar**
Farbe - **cor**
fast - **quase**
faul - **podre; preguiçoso** (träge)
Fehler - **erro**
Feier - **festa**
feige - **covarde**
feilschen - **regatear**
Feld - **campo**
Felsen - **rocha**
Fenster - **janela**
Ferien - **férias**
fern - **longe**
fertig - **pronto**
Fest - **festa**
feucht - **úmido**
Feuer - **fogo**
ficken - **foder**
Fieber - **febre w**
Film - **filme**
finden - **encontrar; achar**
Finger - **dedo**
Fisch - **peixe m**
Flasche - **garrafa**
Fleisch - **carne w**
Fliege - **mosca**
fliehen - **fugir**
Floh - **pulga**
Flughafen - **aeroporto**
Flugzeug - **avião**
Fluß - **rio**
Folge - **série; consequência**
folgen - **seguir**
Frage/fragen - **pergunta/perguntar**
Frau - **senhora; mulher w**
frech - **malcriado**
frei - **livre**
Freiheit - **liberdade w**
fremd/Fremder - **estranho/estrangeiro**
Freude - **alegria**
Freund - **amigo**
freundlich - **amável**
Friede - **paz w**
frieren - **passar frio**
frisch - **fresco**
froh - **alegre**
Frucht - **fruta**
früh - **cedo**
Frühstück - **café da manhã**
fühlen - **sentir**
Führer - **guia m**

für - **para**
Furz - **peido**
Fuß - **pé m**

G
Gabel - **garfo**
ganz - **inteiro**
gar - **bem cozido**
Garnele - **camarão m**
Garten - **jardim m**
Gast - **hóspede m**
Gatte - **cônjuge m**
Gebäude - **edifício; prédio**
geben - **dar**
geboren - **nascido**
gebraten - **frito**
Gebühr - **taxa**
Gefahr/gefährlich - **perigo/perigoso**
gefallen - **gostar**
Gefallen - **favor m**
Gefäß - **recipiente m**
Gefühl - **sentimento**
gegen - **contra**
Gegend - **região w**
geheim/Geheimnis - **secreto/segredo**
gehen - **ir; andar**
Gehirn - **cérebro**
geil - **tesão**
Geist - **espírito**
geizig - **pão-duro**
gekocht - **cozido**
Gelände - **terreno**
geläufig - **comum**
gelb - **amarelo**
Geld - **dinheiro**
gemacht - **feito**
Gemeinde - **comunidade w**
Gemüse - **verduras w**
genau - **exato**
Genehmigung - **autorização w**
genießen - **desfrutar; gozar**
genug - **suficiente**
Gepäck - **bagagem w**
geradeaus - **em frente**
gerecht - **justo**
Gericht (Mahl) - **prato**
gern - **com prazer**
Geschäft - **negócio** (Firma); **loja** (Laden)
geschehen - **acontecer**
Geschlechtsteil - **genitálias**
(männlich) - **pênis**
(männl., vulgär) - **pinto**
(weiblich) - **vagina**
(weibl., vulgär) - **boceta**
geschlossen - **fechado**
Geschmack - **gosto**
Gespräch - **conversa**
gestern - **ontem**
gesund/Gesundheit - **sadio/saúde w**
Getränk - **bebida**
Gewissen - **consciência**
Gewohnheit - **costume m**
Glas - **vidro;** (Trink-) **copo**
gleich - **igual; logo** (zeitl.)
Glück - **sorte w; felicidade w**
glücklich - **felíz**
Gold - **ouro**
Gott - **deus m**
Gras - **grama**
grau - **cinza**
Grill - **churrasco**
Grippe - **gripe w**
groß - **grande**
Großmutter/Großvater - **avó/avô**
großzügig - **generoso**
grün - **verde**
Grund - **motivo**
Gummi - **borracha**
gut - **bom; bem**
gütig - **bondoso**

H
Haar - **cabelo; pelo**
haben - **ter**
Hafen - **porto**

Hahn - **galo**
Haken - **gancho**
halb - **meio**
Hälfte - **metade w**
Hals - **pescoço**
halt! - **pare!**
halten - **parar; segurar** (fest-)
Hammer - **martelo**
Hand - **mão w**
handeln - **negociar**
Hängematte - **rede w**
hart - **duro**
Haß - **ódio**
häßlich - **feio**
Hauptsache - **principal m**
Haus - **casa**
Haut - **pele w**
heiraten - **casar**
heiß - **quente**
helfen - **ajudar**
hell - **claro**
Hemd - **camisa**
Herberge - **albergue m**
herein - **entre**
Herr - **senhor m**
herrlich - **maravilhoso**
herstellen - **produzir; fazer**
Herz - **coração m**
heute - **hoje**
hier - **aquí**
Hilfe - **ajuda w; socorro m**
Himmel - **céu**
hinter - **atrás**
Hintern - **bunda**
Hitze - **calor m**
hoch - **alto**
Hof - **pátio**
Höhle - **caverna**
Holz - **madeira**
hören - **escutar**
Hose - **calça**
hübsch - **bonito**
Hügel - **morro; colina**
Huhn - **galinha**
Hund - **cão**
Hunger/hungrig - **fome w/faminto**
Husten - **tosse w**
Hütte - **cabana; favela** (Slum)

I

ich - **eu**
Idiot - **idiota m/w**
immer - **sempre**
in - **em; dentro**
Infektion - **infecção, w**
Inhaber - **proprietário**
Inland - **interior m**
innen - **dentro**
Insekt - **inseto**
Insel - **ilha**
Interesse - **interesse**
Irrtum - **engano**

J

ja - sim
Jacke - **paletó m**
Jahr - **ano**
jeder - **cada m**
jedoch - **sem dúvida**
jemand - **alguém**
jetzt - **agora**
Juckreiz - **coceira**
jung - **jovem**
Junge - **menino**

K

Kaffee - **café m**
Kai - **cais m**
Kakerlake - **barata**
kalt - **frio**
Kamera - **câmara**
Kamm - **pente m**
kaputt - **quebrado**;
  enguiçado (Auto)
Karotte - **cenoura**
Karte - **carta** (Spiel)

Kartenschalter - **bilheteria**
Kartoffel - **batata**
Käse - **queijo**
Kasse/kassieren - **caixa/cobrar**
Kater - **gato; ressaca** (Suff)
Kauf/kaufen - **compra/comprar**
Käufer - **comprador**
kaum - **apenas; quase**
kein - **nenhum m**
keiner - **ninguém**
Kellner/in - **garçom m/garçonete w**
kennen - **conhecer**
Keramik - **cerâmica**
Kerl - **cara m**
Kerze - **vela**
Kilogramm - **quilo**
Kilometer - **quilômetro**
Kind - **criança**
Kino - **cinema; cine m**
Kirche - **igreja**
Kissen - **travesseiro** (Kopf-);
almofada (Sofa)
klar - **claro**
Klasse - **classe w**
Kleid/Kleidung - **vestido/roupas**
klein - **pequeno**
klettern - **trepar; subir**
klug - **esperto; vivo; sábio**
Kneipe - **bar m; lanchonete w**
Knie - **joelho**
Knoblauch - **alho**
Knopf - **botão m**
Koch/kochen - **cozinheiro/cozinhar**
Koffer - **mala**
Kohl - **couve w**
kommen - **vir**
Kondom - **camisinha**
können - **poder**
Kopf(schmerzen) - **(dor de) cabeça**
Koralle - **coral m**
Korb - **cesto**
Körper - **corpo**
korrupt - **corrupto**
Kosten - **custos m; gastos m**
Krabbe - **camarão m**
kräftig - **forte**
krank - **doente**
Krankenhaus - **hospital m; clínica**
Krankheit - **doença**
Krebs (Tier) - **caranguejo; sirí m**
Krieg - **guerra**
Küche - **cozinha**
Kuchen - **bolo**
Kuh - **vaca**
kühl - **frio**
Kühlschrank - **geladeira**
Kunde - **freguês m**
Kunst - **arte w**
Kürbis - **abóbora**
kurz - **curto**
Kuß/küssen - **beijo/beijar**
Küste - **litoral; costa**

L

lachen - **rir**
Laden - **loja**
laden (auf-) - **carregar**
Lager - **depósito;**
acampamento (Zelt-)
Lampe - **lâmpada**
Land - **país m** (pol.); **terras**
Landkarte - **mapa m**
Landwirtschaft - **agricultura**
lang - **longo**
langsam - **devagar; lento**
langweilig - **chato**
Lappen - **pano; trapo**
Lärm - **barulho**
lassen - **deixar**
laufen - **correr**
laut - **alto**
leben/Leben - **viver/vida**
Lebensmittel - **alimentos; víveres m**
Leber - **fígado**
lecker - **gostoso**
Leder - **couro**

ledig - **solteiro**
leer - **vazio**
legen (hin-) - **deitar**
Lehrer - **professor m**
leicht - **leve;** (einfach) **fácil; simples**
leiden - **sofrer**
leider - **infelizmente**
leihen - **emprestar**
leise - **silencioso**
lesen - **ler**
letzter - **último**
Leute - **gente w**
Licht - **luz w**
lieben - **amar; gostar** (mögen)
Lied - **canção w**
Limone - **limão galego m**
links - **esquerda**
Liter - **litro**
Loch - **buraco**
Löffel - **colher w**
Lohn - **salário**
Luft - **ar m**
Lüge - **mentira**
Lust - **prazer m**
lustig - **divertido**

M

machen - **fazer**
Machete - **facão m**
Mädchen - **menina**
Magen - **estômago**
Mahlzeit - **refeição w**
Mais - **milho**
mal - **vez**
Mann - **homem m**
manchmal - **as vezes**
Mango - **manga**
Mannschaft - **equipe w**
Markt - **feira; mercado**
Maschine - **máquina**
Matte - **esteira**
Maul - **boca**
Maus - **camondongo**
Medizin - **medicina**
Meer - **mar m**
Mehl - **farinha**
mehr - **mais**
meiden - **evitar**
mein - **meu m; minha w**
Meinung - **opinião w**
Menge - **quantidade w**
Menschen - **pessoas w; gente w**
Messer - **faca**
Miete/Mieter - **aluguel m/inquilino**
Milch - **leite m**
minus - **menos**
Minute - **minuto**
mit - **com**
mitkommen - **ir junto**
Mittag (12 Uhr) - **meio-dia**
Mittagessen - **almoço**
Mitte - **meio**
Mitternacht - **meia-noite w**
Mittwoch - **quarta-feira**
mögen - **gostar**
möglich - **possível**
Moment - **momento**
Monat - **mês m**
Mond - **lua**
Montag - **segunda-feira**
morgen/Morgen - **amanhã/manhã**
Möve - **gaivota**
Mosquitonetz - **mosquiteiro**
Motorboot - **barco a motor**
Mücke - **mosquito**
müde - **cansado**
Mühe - **esforço**
Müll - **lixo**
Mund - **boca**
Muschel - **concha**
Musik - **música**
Muskel - **músculo**
müssen - **precisar**
mutig - **corajoso**
Mutter - **mãe w**
Mütze - **boina**

N
nach - **para; depois**
Nachbar - **vizinho**
nachher - **depois**
Nachmittag - **tarde w**
nächste - **próximo**
Nacht - **noite w**
Nachtlokal - **boate w**
nackt - **nú**
Nadel - **agulha**
nahe - **perto**
nahrhaft - **nutritivo**
Narbe - **cicatriz w**
Nase - **nariz m**
naß - **molhado**
Natur - **natureza**
natürlich - **natural**
Nebel - **neblina**
neben - **ao lado**
nehmen - **pegar; tomar**
nein - **não**
nett - **amável; simpático**
Netz - **rede w**
neu - **novo**
nicht - **não**
nichts - **nada**
nie - **nunca**
niemand - **ninguém**
Norden - **norte m**
Notfall - **caso de emergência**
nötig - **necessário**
Null - **zero**
Nummer - **número**
nun - **agora; pois**
nur - **só; somente**
Nutzen - **proveito**

O
oben - **em cima**
Obst - **frutas**
oder - **ou**
offen - **aberto**
öffentlich - **público**
öffnen - **abrir**
oft - **muitas vezes; frequentemente**
ohne - **sem**
Ohnmacht - **desmaio**
Ohr - **ouvido**
Öl - **óleo**
Orange - **laranja**
Ort - **lugar m**
Ortschaft - **lugarejo**
Osten - **este m**

P
Paar - **par m**
Paket - **pacote m**
Palme - **palmeira**
Papier - **papel m**
Pariser (Kondom) - **camisinha**
Partei - **partido**
Paß - **passaporte m**
Passagier - **passageiro**
peinlich - **desagradável; chato**
Person - **pessoa w**
persönlich - **pessoalmente**
Pfad - **picada**
Pfanne - **frigideira**
Pfeffer - **pimenta**
Pferd - **cavalo**
Pflanze - **planta**
Pflicht - **obrigação w**
Pille - **pílula**
Pilz - **cogumelo**
pinkeln - **mijar**
Pistole - **pistola**
Platz - **lugar m; praça w** (Stadt)
plaudern - **bater papo**
plötzlich - **derrepente**
plus - **mais**
Po - **nádegas w**
Polizei - **polícia**
Postamt - **agência do correio**
Postkarte - **cartão postal m**
Preis - **preço**
Profit - **lucro**

Proviant - **mantimentos**
prüfen - **examinar; provar**

Q
Qual - **sofrimento**
Qualle - **água-viva**
Quatsch - **besteira w**
Quelle - **fonte w**
Quittung - **recibo; conta**

R
Rabatt - **desconto**
Rad - **roda**
Radau - **zorra; barulho**
radfahren - **andar de bicicleta**
Ramsch - **bagulho**
Rand - **beira; margem**
rasch - **rápido**
rasieren - **barbear**
Rast - **descanso; pouso**
Ratte - **rato**
Raub/Räuber - **roubo/ladrão m**
Rauch/rauchen - **fumaça/fumar**
Raum - **espaço; quarto** (Zimmer)
Rechnung - **conta**
Recht - **direito; razão w**
rechts - **direita**
Rede - **discurso**
reduziert - **reduzido**
Regen/regnen - **chuva/chover**
Regenschirm - **guarda-chuva**
Regenzeit - **época de chuvas**
Regierung - **governo**
reich - **rico**
reif - **maduro**
Reis - **arroz m**
Reise/Reisender - **viagem w/viajante m**
rennen - **correr**
reparieren - **consertar**
Rest - **resto**
Rezept - **receita**
richtig - **certo; correto**
riechen - **cheirar**
Rind - **vaca; boi; gado**
Rindfleisch - **carne de boi/vaca**
Riß - **rasgo**
roh - **crú**
Rose - **rosa**
rot - **vermelho**
Rücken - **costas**
Rucksack - **mochila**
rufen - **chamar**
Ruhe - **tranquilidade w; silêncio**
ruhen - **descansar**
ruhig - **calmo**
Ruhr - **desinteria**
Rührei - **ovo mexido**

S
Sache - **coisa**
Saft - **suco**
sagen - **dizer**
Salat - **salada**
Salz - **sal m**
Sandalen - **sandálias**
Sandwich - **sanduíche m**
satt - **satisfeito**
sauber/säubern - **limpo/limpar**
Sauce - **molho**
sauer - **azedo**
Schachtel - **caixa**
Schach - **xadrez**
schade - **pena**
Schaden - **dano**
schaden - **prejudicar**
Schaffner - **cobrador m**
Schale - **casca**
Schalter - **guichê m**
Scham - **vergonha**
Schatten - **sombra**
Schaufel - **pá**
Scheck - **cheque m**
schenken - **dar de presente**
Schere - **tesoura**
Scherz - **gozação**
schicken - **enviar; mandar**

Schicksal - **destino**
Schiff - **navio; barco**
Schild - **sinal** (Verkehr); **cartaz**
schlafen - **dormir**
Schlafzimmer - **quarto de dormir**
Schlange - **cobra**
schlagen - **bater**
schlecht - **mau m; má w**
schließen - **fechar**
Schlüpfer - **calcinha**
Schlüssel - **chave w**
Schmerz/schmerzhaft - **dor w/dolorido**
Schmerzmittel - **analgésico**
Schmuck - **jóias**
Schnaps - **pinga; aguardente w**
Schneider - **alfaiate m**
schnell - **rápido**
Schnur - **barbante m**
schon - **já**
schön - **bonito**
Schönheit - **beleza w**
Schrank - **armário**
schrecklich - **terrível**
schreiben - **escrever**
schreien - **gritar**
Schuh - **sapato**
Schule/Schüler - **escola/aluno**
Schuster - **sapateiro**
Schutz - **proteção w**
schwach - **fraco**
Schwager/Schwägerin - **cunhado/cunhada**
schwanger - **grávida w**
Schwanz - **rabo; cauda; pinto** (vulg.)
schwarz - **preto**
Schwarzer - **negro; preto**
Schwarzmarkt - **mercado negro**
Schwein - **porco**
schwer - **difícil; pesado**
Schwester - **irmã**
schwierig - **difícil**
schwimmen - **nadar; boiar**
Schwindler - **malandro; sacana**
schwitzen - **suar**
See - **lago; lagoa;** (Meer) **mar m**
Seeigel - **ouriço do mar**
Seekrankheit - **enjôo**
Segel - **vela**
Segelboot - **barco a vela**
Seele - **alma**
sehen - **ver**
sehr - **muito**
seicht - **raso**
Seife - **sabonete m; sabão m**
sein - **ser; estar**
seit - **desde**
Seite - **lado**
selbst - **mesmo**
selten - **raramente**
seltsam - **estranho**
senden - **enviar; mandar**
setzen - **sentar**
sicher - **seguro**
Sie (höfl.) - **o senhor/a senhora**
sie - **ela**
sieden - **ferver**
Silber - **prata**
singen - **cantar**
Sinn - **sentido**
Sitz - **assento**
Sitzplatz - **lugar sentado; poltrona**
so - **assim; tão**
Socken - **meias**
sofort - **imediatamente**
sogar - **até**
Sohn - **filho**
Soldat - **soldado**
Sonnabend - **sábado**
Sonne - **sol m**
Sonnenaufgang - **aurora**
Sonnenuntergang - **por do sol m**
Sonntag - **domingo**
Sorte - **espécie w**
Spaß - **brincadeira**
Speise - **comida**
Speisekarte - **cardápio**
Spiegel - **espelho**

Spiegelei - **ovo frito**
Spiel - **jogo**
Spinne - **aranha**
spitz - **agudo**
Sport - **esporte m**
Sprache - **língua; idioma**
sprechen - **falar**
Stadt - **cidade w**
stark - **forte**
Staub - **pó m; poeira**
steil - **íngreme**
Stein - **pedra**
Stern - **estrela**
Stich - **picada**
Stiefel - **botas w**
still - **quieto**
Stimme - **voz w**
stinken - **feder**
Stock - **bastão m**
Stoff - **pano**
stolz/Stolz - **orgulhoso/orgulho**
stören - **atrapalhar**
Strand - **praia**
Straße - **rua** (Stadt); **estrada** (Land); **caminho** (Weg)
Strecke - **trajeto** (Reise); **trecho** (Stück)
Streik - **greve w**
streicheln - **acariciar**
Streichholz - **fósforos m**
Streit - **briga**
Strömung - **corrente w**
Strümpfe - **meias w**
Stück - **pedaço**
Stuhl - **cadeira**
Stunde - **hora**
Sturm - **tempestade w**
suchen - **procurar**
Süden - **sul m**
Sumpf - **pântano**
Suppe - **sopa**
Süßigkeit - **doce m**
Swimming-Pool - **piscina**

T

Tabak - **fumo**
Tablette - **comprimido**
Tag - **dia m**
Tagebuch - **diário**
täglich - **diariamente**
Tal - **vale m**
Tank - **tanque m**
Tankstelle - **posto de gasolina**
Tante - **tia**
Tanz/tanzen - **dança/dançar**
Tasche - **bolsa; bolso** (Hose)
Taschendieb - **batedor de carteira**
Taschenlampe - **lanterna**
Taschentuch - **lenço**
Tasse - **xícara**
Täter - **autor m**
Taube - **pomba**
tauchen - **mergulhar**
tauschen - **trocar**
Tee - **chá m**
Teich - **lago; açude**
Teil - **peça**
Teller - **prato**
Termin - **hora marcada**
teuer - **caro**
Teufel - **diabo**
tief - **fundo**
Tier - **animal m**
Tisch - **mesa**
Tochter - **filha**
Tod - **morte w**
Toilette - **banheiro**
Topf - **panela**
tot - **morto**
Touristenbüro - **agência de turismo**
tragen - **carregar**
traurig - **triste**
treffen - **encontrar**
trinken - **beber**
Trinkgeld - **gorjeta**
trocken - **seco**
Tuch - **pano**

tun - **fazer**
Tür - **porta**
Tüte - **saco**

U
über - **sobre; emcima**
überall - **em todas partes**
überfüllt - **lotado; repleto**
übermorgen - **depois de amanhã**
überqueren - **atravessar**
Überraschung - **surpresa**
überreden - **convencer**
überweisen - **transferir**
überzeugt - **convencido**
üblich - **comum; usual**
Übung - **treino**
Ufer - **margem w**
Uhr - **relógio**
Uhrzeit - **hora**
umgekehrt - **inverso**
umkehren - **voltar**
Umschlag - **envelope m**
umsonst - **de graça; gratuito**
Umwelt - **meio ambiente**
umziehen - **mudar de; trocar** (sich)
unbekannt - **desconhecido**
unbequem - **incômodo**
unbewußt - **inconsciente**
und - **e**
Unfall - **acidente m**
unfreundlich - **desagradável**
ungefähr - **mais ou menos**
ungerecht - **injusto**
Unglück - **acidente m**
Unkosten - **despesas w**
unmöglich - **impossível**
uns - **nós**
unschuldig - **inocente**
unser - **nosso/a**
Unsinn - **besteira w**
unten - **embaixo**
unter - **debaixo; sob**
unterdrückt - **reprimido**
Unterhemd - **camiseta**
Unterkunft - **moradia**
Unterschied - **diferença**
unterschiedlich - **diferente**
unterschreiben - **assinar**
Unterschrift - **assinatura**
unterstützen/Unterstützung - **apoiar/apoio**
unumgänglich - **imprescindível**
unverantwortlich - **irresponsável**
unverschämt - **sem vergonha**
Unwissenheit - **ignorância**
Urin/urinieren - **urina/urinar**
Ursache - **causa**
Urwald - **floresta; selva**

V
Vagabund - **vagabundo**
Vater - **pai m**
verachten - **desprezar**
verantwortlich - **responsável**
veräppeln - **embromar**
verbessern - **melhorar**
verboten - **proibido**
verbrennen - **queimar**
verdorben (Obst) - **estragado**
vergessen - **esquecer**
vergewaltigen - **violentar**
vergleichen - **comparar**
verheiratet - **casado/a**
Verhütungsmittel - **anticoncepcional**
Verkauf/Verkäufer - **venda/vendedor m**
Verkehr - **trânsito; tráfego;**
relações (sexuais) (Sex)
verlängern - **prolongar**
verlassen - **abandonar; partir**
verletzt - **ferido/a**
verlieben - **enamorar**
verlieren/verloren - **perder/perdido**
Verlust - **perda**
vermeiden - **evitar**
vermissen - **sentir falta de**
vermuten - **supor**
verpacken - **embrulhar**

verrückt - **louco**
verschaffen - **embarcar**
verschieden - **diferente**
verschwinden - **desaparecer**
Verspätung - **atraso**
versprechen - **prometer**
Versprechen - **promessa**
verstehen - **compreender; entender**
Versuch/versuchen - **tentativa/tentar**
verteidigen - **defender**
verteilen - **distribuir**
Vertrag - **contrato**
vertrauen/Vertrauen - **confiar/confiança**
verwandt - **parente**
verzeihen - **perdoar**
Verzeihung - **perdão m**
verzollen - **pagar alfândega**
Vieh - **gado**
viel - **muito**
vielleicht - **talvez**
Vogel - **ave; pássaro**
Volk - **nação; povo**
voll (besetzt) - **cheio (lotado)**
von - **de**
vor - **antes** (zeitl.); **na frente** (räuml.)
vorher - **antes**
vorhin - **faz pouco**
Vorletzter - **penúltimo**
Vorliebe - **preferência**
Vormittag - **manhã**
vorn - **na frente**
Vorsicht/vorsichtig - **cuidado/cuidadoso**
vorstellen - **apresentar**
Vorurteil - **preconceito**
vorwärts - **para frente**
vulgär - **vulgar; ordinário**

W

Wade - **nádega**
Waffe - **arma**
Wagen - **carro**
Wahl - **eleição** (politisch); **escolha**
wahr - **verdadeiro**
während - **durante**
Wahrheit - **verdade w**
Währung - **moeda**
Wald - **mato; floresta**
Wand - **parede**
wann? - **quando**
Ware - **mercadoria**
warm - **quente**
warten - **esperar**
warum? - **por quê?**
was? - **o quê ...?**
Wäsche - **roupa**
waschen - **lavar**
Wasser - **água**
Wasserfall - **catarata; cachoeira**
Wasserhahn - **torneira**
Wechselkurs - **taxa de câmbio**
wechseln (Geld) - **trocar**
wecken - **acordar**
Weg - **caminho**
wegen - **por causa**
weich - **mole**
Wein - **vinho**
weinen - **chorar**
weiß - **branco**
weit - **longe**
Weizen - **trigo**
Welle - **onda**
Welt - **mundo**
wenig - **pouco**
wenn - **se; quando**
wer - **quem**
werden - **ser**
Werk - **obra; fábrica** (Industrie)
Wert - **valor m**
Westen - **oeste m**
Wetter - **tempo**
wichtig - **importante**
wie - **como**
wieder - **outra vez**
wiederholen Sie - **repita**
wiederkommen - **voltar**
wieviel - **quanto**

wild - **selvagem**
Wind - **vento**
wir - **nós**
wirklich - **realmente**
wissen - **saber**
Witz - **piada**
wo - **onde**
Woche - **semana**
woher - **de onde**
wohin - **para onde**
Wohlbefinden - **bem estar**
wohlschmeckend - **saboroso**
wohnen/Wohnung - **morar/moradia**
Wolken - **nuvens w**
Wolle - **lã**
wollen - **querer**
Wort - **palavra**
Wörterbuch - **dicionário**
Wunde - **ferida**
Wunsch - **desejo**
Würfel - **dado**
Wurm - **verme m**
Wüste - **deserto**
Wut - **raiva**
wütend - **raivoso**

Z
Zahl - **número**
zählen - **contar**
Zahn/Zahnarzt - **dente m/dentista m**
Zahnbürste - **escova de dentes**
Zahnpasta - **pasta de dentes**
Zahnschmerzen - **dor de dentes**
Zaun - **cerca**
Zeh - **dedo do pé**
zeigen - **mostrar**
Zeit - **tempo**
Zeitung - **jornal m; diário**
Zelt - **tenda**
Zentrale - **central w**
zerstören - **destruir**
Ziege - **cabra**
ziehen - **puxar**
Ziel - **meta**
Zigarette - **cigarro**
Zigarre - **charuto**
Zimmer - **quarto**
Zitrone - **limão m**
Zoll - **alfândega**
zu - **fechado** (geschlossen); **para, até** (bis zu)
Zucker - **açúcar m**
zuerst - **primeiro**
zufrieden - **satisfeito**
Zug - **trem m**
zuhören - **escutar**
zuletzt - **último**
Zunge - **língua**
zurückkehren - **voltar**
zusammen - **juntos**
Zuschlag - **sobretaxa**
Zustand - **estado**
zuviel - **demais**
Zweck - **finalidade w**
Zweifel - **dúvida**
Zwiebel - **cebola**
zwischen - **entre**

Brasilianisch - Deutsch

A
abacaxí m - Ananas
abandonar - verlassen
aberto - offen
abóbora - Kürbis
abrir - aufmachen; öffnen
acampamento - (Zelt-)Lager
acariciar - streicheln
achar - finden
acidente m - Unglück; Unfall

acontecer - geschehen
acordar - wecken
açúcar m - Zucker
açude - Teich
aeroporto - Flughafen
agência de turismo - Touristenbüro
agência do correio - Postamt
agora - jetzt; nun
agricultura - Landwirtschaft
água - Wasser
água-viva - Qualle
aguardente w - Schnaps
agudo - spitz
agulha - Nadel
ajuda w - Hilfe
ajudar - helfen
albergue m - Herberge
alegre - froh
alegria - Freude
além disso - außerdem
alemão m - deutsch
alfaiate m - Schneider
alfândega - Zoll
algo - etwas
alguém - jemand
alguns - einige
alho - Knoblauch
alí - dort; da
alimentar - ernähren
alimentos - Lebensmittel
alma - Seele
almoço - Mittagessen
almofada - (Sofa-)Kissen
alto - laut; hoch
aluguel m - Miete
aluno - Schüler
amanhã - morgen
amar - lieben
amarelo - gelb
amargo - bitter
amável - freundlich; nett
ambos - beide
amendoim - Erdnuß
amigo - Freund
analgésico - Schmerzmittel
andar - fahren; gehen
andar de bicicleta - radfahren
andar m - Etage
animal m - Tier
ano - Jahr
antes - bevor; vorher; vor (zeitl.)
anticoncepcional - Verhütungsmittel
ao lado - daneben; neben
apenas - kaum
apoiar - unterstützen
apoio - Unterstützung
apresentar - vorstellen
apressado - eilig
aquela w - dies dort
aquele m - dies dort
aquí - hier
aquilo - dies dort
ar m - Luft
aranha - Spinne
arma - Waffe
armário - Schrank
arroz m - Reis
arte w - Kunst
árvore w - Baum
as vezes - manchmal
assento - Sitz
assim - so
assinar - unterschreiben
assinatura - Unterschrift
até - bis; sogar; zu (bis zu)
até agora - bisher
atrapalhar - stören
atrás - hinter
atraso - Verspätung
atravessar - durchfahren; überqueren
autêntico - echt
autor m - Täter
autoridade(s) - Behörde(n)
autorização w - Genehmigung
ave - Vogel

aventura - Abenteuer
avião - Flugzeug
avó/avô - Großmutter/Großvater
azedo - sauer
azul - blau

B

bagagem w - Gepäck
bagulho - Ramsch
baía - Bucht
balsa - Fähre
banana - Banane
banco - Bank; Sitzbank
banheiro - Bad; Toilette
bar m - Kneipe
barata - Kakerlake
barato - billig
barba - Bart
barbante m - Schnur
barbear - rasieren
barco - Boot; Schiff
barco a motor - Motorboot
barco a vela - Segelboot
barriga - Bauch
barulho - Lärm; Radau
bastão m - Stock
batata - Kartoffel
batedor de carteira - Taschendieb
bater - schlagen
bater papo - plaudern
bebado - betrunken
bebê - Baby
beber - trinken
bebida - Getränk
beijar - küssen
beijo - Kuß
beira - Rand
beleza w - Schönheit
bem - gut
bem cozido - gar
bem estar - Wohlbefinden
besteira w - Unsinn
bicicleta - Fahrrad
bilhete - Fahrkarte
bilheteria - Kartenschalter
blusa - Bluse
boate w - Nachtlokal
bobo - dumm
boca - Mund; Maul
boceta - Möse (vulg.)
boi - Rind
boiar - schwimmen
boina - Mütze
bolo - Kuchen
bolsa - Tasche
bolso - (Hosen-)Tasche
bom - gut
bondoso - gütig
bonito - hübsch; schön
borracha - Gummi
botão m - Knopf
botas w - Stiefel
braço - Arm
branco - weiß
briga - Streit
brincadeira - Spaß
bunda - Hintern
buraco - Loch
burro - Esel

C

cabana - Hütte
cabeça - Kopf
cabelo - Haar
cabra - Ziege
cachaça - Schnaps
cada m - jeder
cadeira - Stuhl
café da manhã - Frühstück
café m - Kaffee
cair - fallen
cais m - Kai
caixa - Kasse; Schachtel
calça - Hose
calcinha - Schlüpfer
calmo - ruhig

calor m - Hitze
cama - Bett
câmara - Kamera
camarão m - Krabbe; Garnele
caminho - Weg; Straße
camisa - Hemd
camiseta - Unterhemd
camisinha - Condom
camondongo - Maus
campo - Feld
camponês m - Bauer
canção w - Lied
cansado - müde
cantar - singen
canto - Ecke
cão - Hund
cara m - Kerl
caranguejo - Krebs (Tier)
cardápio - Speisekarte
carne de boi/vaca - Rindfleisch
carne w - Fleisch
caro - teuer
carregar - (auf-)laden; tragen
carro - Auto; Wagen
carta - Brief; (Spiel-)Karte
cartão postal m - (Post-)Karte
cartaz m - Schild
casa - Haus
casado/a - verheiratet
casar - heiraten
casca - Schale
caso de emergência - Notfall
castanho - braun
catarata - Wasserfall
cauda - Schwanz
cavalo - Pferd
caverna - Höhle
cebola - Zwiebel
cedo - früh
cego - blind
cenoura - Karotte
central w - Zentrale
cerâmica - Keramik
cerca - Zaun
cérebro - Gehirn
certo - richtig
cerveja - Bier
cesto - Korb
céu - Himmel
chá m - Tee
chamar - rufen
charuto - Zigarre
chato - langweilig; peinlich
chave w - Schlüssel
chef m - Chef
chegada - Ankunft
chegar - ankommen
cheio (lotado) - voll (besetzt)
cheirar - riechen
cheque m - Scheck
chorar - weinen
chover - regnen
churrasco - Grill
chuva - Regen
chuveiro - Dusche
cicatriz w - Narbe
cidade w - Stadt
cigarro - Zigarette
cine m - Kino
cinema - Kino
cinza - grau
claro - klar; hell
classe w - Klasse
clínica w - Krankenhaus
coberta - Decke
cobra - Schlange
cobrador m - Schaffner
cobrar - kassieren
coceira - Juckreiz
cogumelo - Pilz
coisa - Ding; Sache
coisas - Sachen
cólera - Cholera
colheita - Ernte
colher w - Löffel
colina - Hügel

com - mit
com prazer - gern
começar - anfangen
começo - Anfang
comer - essen
comestíval - eßbar
comida - Speise
como - wie
comparar - vergleichen
compra - Kauf
comprador - Käufer
comprar - kaufen
compreender - verstehen
comprimido - Tablette
comum - geläufig; üblich
comunidade w - Gemeinde
concha - Muschel
condutor - Fahrer
confiança - Vertrauen
confiar - vertrauen
conhecer - kennen
cônjuge m - Gatte
consciência - Gewissen
consciente - bewußt
consequência - Folge
consertar - reparieren
conta - Quittung; Rechnung
contar - erzählen; zählen
conto - Erzählung
contra - gegen
contrato - Vertrag
convencido - überzeugt
conversa - Gespräch
convidar - einladen
convite m - Einladung
copo - (Trink-)Glas
cor - Farbe
coração m - Herz
corajoso - mutig
coral m - Koralle
corpo - Körper
corrente w - Strömung
correr - laufen; rennen
correto - richtig
corrupto - korrupt
costa - Küste
costas - Rücken
costume m - Gewohnheit
couro - Leder
couve w - Kohl
cozido - gekocht
cozinha - Küche
cozinhar - kochen
cozinheiro - Koch
criança - Kind
crú - roh
cruzar - abbiegen
cuidado - Vorsicht
cuidadoso - vorsichtig
cunhada - Schwägerin
cunhado - Schwager
curto - kurz
custos m - Kosten

D

dado - Würfel
dança - Tanz
dançar - tanzen
dano - Schaden
dar - geben
dar de presente - schenken
data w - Datum
de - aus; von
de acordo - einverstanden
de fora - außen
de graça - umsonst
de onde - woher
debaixo - unter
dedo - Finger
dedo do pé - Zeh
defender - verteidigen
definitivo - endgültig
deitar - (hin-)legen
deixar - lassen
demais - zuviel
dente m - Zahn

dentista m - Zahnarzt
dentro - in; innen
departamento - Amt
depois - danach; nach
depois de amanhã - übermorgen
depositar - deponieren
depósito - Lager
derrepente - plötzlich
desagradável - unfreundlich
desaparecer - verschwinden
descalço - barfuß
descansar - ruhen
descanso - Rast
descer - aussteigen
desconhecido - unbekannt
desconto - Ermäßigung
desculpa - Entschuldigung
desde - seit
desejo - Wunsch
desenho - Bild
deserto - Wüste
desfrutar - genießen
desinteria - Ruhr; Durchfall
desmaio - Ohnmacht
despedida - Abschied
despedir - entlassen
despesas w - Unkosten
desprezar - verachten
destino - Schicksal
destruir - zerstören
deus m - Gott
devagar - langsam
dia m - Tag
diabo - Teufel
diariamente - täglich
diário - Zeitung; Tagebuch
dicionário - Wörterbuch
diferença - Unterschied
diferente - verschieden
difícil - schwer; schwierig
dinheiro - Geld
direita - rechts
direito - Recht
direto - direkt
discurso - Rede
distribuir - verteilen
divertido - lustig
dizer - sagen
dobrar - abbiegen
doce m - Süßigkeit
doença - Krankheit
doente - krank
dolorido - schmerzhaft
domingo - Sonntag
dor w - Schmerz
dor de cabeça - Kopfschmerzen
dor de dentes - Zahnschmerzen
dor de garganta - Halsschmerzen
dormir - schlafen
duração w - Dauer
durante - während
duro - hart
dúvida - Zweifel
dúzia - Dutzend

E

e - und
edifício - Gebäude
educação w - Erziehung
ela - sie
eleição - Wahl (politisch)
em - in; bei; an; am
em casa de - bei
em cima - oben
em frente - geradeaus
em geral - allgemein
em todas partes - überall
embaixada - Botschaft
embaixo - unten
embarcar - verschaffen
embromar - veräppeln
embrulhar - verpacken
emcima - über
em cima de - auf
empregado - Angestellter
emprestar - leihen

empurrar - anschieben
enamorar - verlieben
encontrar - finden; treffen
endereço m - Adresse
engano - Irrtum
enguiçado - kaputt (Auto)
enjôo - Seekrankheit
enseada w - Bucht
entender - verstehen
entrada - Eintritt
entrar - eintreten
entre - herein; zwischen
envelope m - Umschlag
enviar - schicken
época de chuvas - Regenzeit
equipe w - Mannschaft
errado - falsch
erro - Fehler
escola - Schule
escolha - Wahl
escova de dentes - Zahnbürste
escrever - schreiben
escritório - Büro
escutar - hören; zuhören
esforço - Mühe
espaço - Raum
espécie w - Sorte
espelho - Spiegel
esperar - warten
esperto - klug
espírito - Geist
esporte m -Sport
esposa - Ehefrau
esquecer - vergessen
esquerda w - links
esquina - Ecke
esta - dies hier
estação de trem - Bahnhof
estadia - Aufenthalt
estado - Zustand
estar - sein
este - dies hier
este m - Osten
esteira - Matte
estômago - Magen
estrada - (Land-)Straße
estrangeiro - Ausländer; Ausland
estranho - fremd; seltsam
estrela - Stern
eu - ich
evitar - meiden; vermeiden
examinar - ansehen; prüfen
exato - genau
exceção - Ausnahme
excelente - ausgezeichnet
exemplo - Beispiel
explicação w - Erklärung
exposição w - Ausstellung

F

fábrica - Werk
faca - Messer
facão m - Machete
fácil - leicht (einf.)
falar - sprechen
falso - falsch
família - Familie
faminto - hungrig
farinha - Mehl
farmácia - Apotheke
favela - Hütte (Slum)
favor - Bitte; Gefallen
faz pouco - vorhin
fazer - machen; tun
fazer compras - einkaufen
febre w - Fieber
fechado - geschlossen
fechar - schließen
feder - stinken
feijão m - Bohne
feio - häßlich
feira - Markt
feito - gemacht
felicidade w - Glück
felíz - glücklich
férias - Ferien

ferida - Wunde
ferido/a - verletzt
festa - Fest; Feier
ficar - bleiben
fígado - Leber
filha - Tochter
filho - Sohn
filme - Film
fim m - Ende
fino - dünn
flor - Blume
floresta - Wald; Urwald
foder - ficken
fogo - Feuer
folha - Blatt
fome w - Hunger
fonte w - Quelle
fora - draußen
formiga w - Ameise
forte - kräftig
fósforos m - Streichholz
fraco - schwach
freguês m - Kunde
frequentemente - oftmals
fresco - frisch
frigideira - Pfanne
frio - kalt; kühl
frito - gebraten
fruta - Frucht
fugir - fliehen
fumar - rauchen
fumo - Tabak
funcionário - Beamter
fundo - tief

G

gado - Rind; Vieh
gaivota - Möve
galho - Ast
galinha - Huhn
galo - Hahn
gancho - Haken
garçom m/garçonete w - Kellner/in
garfo - Gabel
garrafa - Flasche
gasolina - Benzin
gastos m - Kosten
gato - Kater
geladeira - Kühlschrank
gelo - Eis
generoso - großzügig
genitálias - Geschlechtsteil
gente w - Menschen
gordo - dick
gorjeta - Trinkgeld
gostar - mögen
gosto - Geschmack
gostoso - lecker
governo - Regierung
gozação - Scherz
gozar - genießen
grama - Gras
grande - groß
gratuito - umsonst
grávida w - schwanger
greve w - Streik
gripe w - Grippe
gritar - schreien
guarda-chuva - Regenschirm
guerra - Krieg
guia m - Führer
guichê m - Schalter

H

habitante m - Einwohner
hoje - heute
homem m - Mann
hora - Uhrzeit; Stunde
hora marcada - Termin
hóspede m - Gast
hospital m - Krankenhaus

I

ida w - hin
idade w - Alter
idéia - Idee

idioma m - Sprache
idiota m/w - Idiot
ignorância - Unwissenheit
igreja - Kirche
igual - gleich
ilha - Insel
imediatamente - sofort
importante - wichtig
impossível - unmöglich
imprescindível - unumgänglich
incêndio - Brand
incomodar - belästigen
incômodo - unbequem
inconsciente - unbewußt
incorreto - falsch
indenização - Entschädigung
infecção - Entzündung; Infektion
infelizmente - leider
inflamação - Entzündung
informação w - Auskunft
íngreme - steil
injusto - ungerecht
inocente - unschuldig
inquilino - Mieter
inseto - Insekt
inteiro - ganz
interesse - Interesse
interior m - Inland
intérprete m - Dolmetscher
inverso - umgekehrt
ir - gehen
ir junto - mitkommen
irmã - Schwester
isto - dies hier

J
já - schon
jáca - Brotfrucht
janela - Fenster
janta - Abendessen
jantar - zu Abend essen
jardim m - Garten
joelho - Knie
jogo - Spiel
jóias - Schmuck
jornal m - Zeitung
jovem - jung
junto - daneben
juntos - zusammen
justo - gerecht

L
lá - dort
lã - Wolle
lado - Seite
ladrão m - Dieb; Räuber
lago - See; Teich
lagoa - See
lâmpada - Lampe
lanche m - Zwischenmahlzeit
lanchonete w - Kneipe
lanterna - Taschenlampe
laranja - Orange
lata - Dose
lavar - waschen
laxativo - Abführmittel
leite m - Milch
lembrar - erinnern
lenço - Taschentuch
lento - langsam
ler - lesen
levantar - aufstehen
leve - leicht
liberdade w - Freiheit
limão m - Zitrone
limão galego m - Limone
limpar - säubern
limpo - sauber
língua - Zunge; Sprache
litoral - Küste
litro - Liter
livraria - Buchgeschäft
livre - frei
livro - Buch
lixo - Müll; Abfall
logo - bald

loja - Laden
longe - fern; weit
longo - lang
lotado - überfüllt
louco - verrückt
lua - Mond
lucro - Profit
lugar m - Ort, Platz
lugar sentado - Sitzplatz
lugarejo - Ortschaft
luz w - Licht

M

má w - schlecht
maçã - Apfel
macaco - Affe
machão - Chauvi
madeira - Holz
maduro - reif
mãe w - Mutter
magro - dünn
mais - mehr; plus
mais ou menos - etwa
mala - Koffer
malandro - Schwindler
malcriado - frech
mandar - schicken
manga - Mango
manhã - Morgen; Vormittag
manteiga - Butter
mantimentos - Proviant
mão w - Hand
mapa m - Landkarte
máquina - Maschine
mar m - Meer
maravilhoso - herrlich
margem - Rand; Ufer
marido - Ehemann
marrom - braun
martelo - Hammer
mas - aber
mato - Wald
mau (m) - schlecht
medicina - Medizin
médico - Arznei
medo - Angst
meia-noite w - Mitternacht
meias w - Strümpfe
meio - Mitte; halb
meio ambiente - Umwelt
meio-dia - (12 Uhr) Mittag
melhor - besser
melhorar - verbessern
mendicante - Bettler
menina - Mädchen
menino - Junge
menos - außer; minus
mentira - Lüge
mercado - Markt
mercado negro - Schwarzmarkt
mercadoria - Ware
mergulhar - tauchen
mês m - Monat
mesa - Tisch
mesmo - selbst
meta - Ziel
metade w - Hälfte
meu m - mein
mijar - pinkeln
milho - Mais
minha w - mein
minuto - Minute
miséria - Elend
mochila - Rucksack
moeda - Währung
mole - weich
molhado - naß
molho - Sauce
momento - Augenblick
montanha - Berg
monte - Berg
moradia - Wohnung
morar - wohnen
morder - beißen
morro - Hügel
morte w - Tod

morto - tot
mosca - Fliege
mosquiteiro - Mosquitonetz
mosquito - Mücke
mostrar - zeigen
motivo - Grund
motorista - Fahrer
mudar - ändern
mudar de - umziehen
muitas vezes - oft
muito - sehr; viel
mulher w - Frau
mundo - Welt
músculo - Muskel
música - Musik

N

na - an; am
na frente - vor (räuml.)
nação - Volk
nada - nichts
nadar - schwimmen
nádega - Wade
nádegas w - Po
não - nein; nicht
nariz m - Nase
nascido - geboren
natural - natürlich
natureza - Natur
navio - Schiff
neblina - Nebel
necessário - nötig
necessitar - brauchen
negociar - handeln
negócio - Geschäft
negro - Schwarzer
nenê - Baby
nenhum m - kein
ninguém - keiner; niemand
no - an; am
noite w - Nacht; Abend
norte m - Norden
nós - wir; uns
nosso/a - unser
novo - neu
nú - nackt
número - Nummer; Zahl
nunca - nie
nutrir - ernähren
nutritivo - nahrhaft
nuvens w - Wolken

O

o quê ...? - was?
o senhor/senhora - Sie (höfl.)
obra - Werk
obrigação w - Pflicht
obrigado (a) us - danke (ich)
óculos m - Brille
ódio - Haß
oeste m - Westen
ofender - beleidigen
oferecer - anbieten
óleo - Öl
olho - Auge
onda - Welle
onde - wo
ônibus m - Bus
ontem - gestern
operário - Arbeiter
opinião w - Meinung
ordem w - Befehl
ordinário - vulgär
orgulho - Stolz
orgulhoso - stolz
os dois - beide
ostra - Auster
ou - oder
ouriço do mar - Seeigel
ouro - Gold
outra vez - wieder
outros - andere
ouvido - Ohr
ovo - Ei
ovo frito - Spiegelei
ovo mexido - Rührei

P

pá - Schaufel
pacote m - Paket
padaria - Bäckerei
padre m - Priester
pagar - bezahlen
pagar alfândega - verzollen
pai m - Vater
pais m - Eltern
país m - Land (pol.)
palavra - Wort
paletó m - Jacke
pálido - blaß
palmeira - Palme
panela - Topf
pano - Stoff; Lappen
pântano - Sumpf
pão-duro - geizig
pão m - Brot
papel m - Papier
par m - Paar
para - für; nach; zu; (bis zu)
para frente - vorwärts
para onde - wohin
parar - anhalten; aufhören
pare! - halt!
parecido - ähnlich
parede - Wand
parente - verwandt
partida w - Abreise
partido - Partei
partir - abfahren; verlassen
passageiro - Passagier
passagem - Fahrkarte
passaporte m - Paß
passar - durchfahren
passar frio - frieren
pássaro - Vogel
pasta de dentes - Zahnpasta
pátio - Hof
pato - Ente
paz w - Friede
pé m - Fuß
peça de reposição - Ersatzteil
peça - Teil
pedaço - Stück
pedido - Bestellung
pedir - bitten; bestellen
pedir esmola - betteln
pedra - Stein
pegar - nehmen
peido - Furz
peito - Brust
peixe m - Fisch
pele w - Haut
pelo - Haar
pena - schade
pênis - Penis
pequeno - klein
perda - Verlust
perdão m - Verzeihung
perder - verlieren
perdido - verloren
perdoar - verzeihen
pergunta - Frage
perguntar - fragen
perigo - Gefahr
perigoso - gefährlich
permitir - erlauben
perna - Bein
perto - nahe
pesado m - schwer
pescoço - Hals
pessoa w - Person
pessoalmente - persönlich
pessoas w - Menschen
piada - Witz
picada - Stich; Pfad
pílula - Pille
pimenta - Pfeffer
pinga - Schnaps
pinto - Schwanz (vulg.)
piscina - Swimming Pool
pistola - Pistole
planta - Pflanze
pó m - Staub

pobre - arm; besitzlos
poder - können
podre - faul
poeira - Staub
pois - denn; nun
polícia - Polizei
poltrona - Sitzplatz
pomba - Taube
ponte w - Brücke
população w - Bevölkerung
por - anziehen
por causa - wegen
por quê? - warum?
porco - Schwein
porta - Tür
porto - Hafen
possível - möglich
posto de gasolina - Tankstelle
pouco - wenig
pouso - Rast
povo - Volk
povoado - Dorf
praça w - Platz (Stadt)
praia - Strand
prata - Silber
prato - Gericht (Mahl); Teller
prazer m - Lust
precisar - müssen
preço - (Fahr-)Preis
preconceito - Vorurteil
prédio - Gebäude
preferência - Vorliebe
preguiçoso - faul (träge)
prejudicar - schaden
preto - schwarz; Schwarzer
primeiro - erst; zuerst
principal m - Hauptsache
procurar - suchen
produzir - herstellen
professor m - Lehrer
profissão w - Beruf
proibido - verboten
prolongar - verlängern
promessa - Versprechen
prometer - versprechen
pronto - fertig
proprietário - Inhaber
próprio - eigen
proteção w - Schutz
prova - Beweis
provar - prüfen; anprobieren
proveito - Nutzen
próximo - nähe
público - öffentlich
pulga - Floh
puxar - ziehen

Q

quadro - Bild
quando - als; wenn; wann?
quantidade w - Menge
quanto - wieviel
quarta-feira - Mittwoch
quarto - Zimmer
quarto de casal - Doppelzimmer
quarto de dormir - Schlafzimmer
quarto simples - Einzelzimmer
quase - kaum; fast
quebrado - kaputt
queijo - Käse
queimar - verbrennen
quem - wer
quente - heiß, warm
querer - wollen
quieto - still
quilo - Kilogramm
quilômetro - Kilometer
quinta-feira - Donnerstag

R

rabo - Schwanz
raís w - Wurzel
raiva - Wut
raivoso - wütend
rápido - rasch; schnell
raramente - selten

rasgo - Riß
raso - seicht
rato - Ratte
razão w - Recht
realmente - wirklich (Adv.)
receber - erhalten
receita - Rezept
recibo - Quittung
recipiente m - Behälter
recomendar - empfehlen
rede w - Netz; Hängematte
reduzido - reduziert
refeição w - Mahlzeit
regatear - feilschen
região w - Gegend
rejeitar - ablehnen
relações (sexuais) - Verkehr (Sex)
relógio - Uhr
repita - wiederholen Sie
repleto - überfüllt
reprimido - unterdrückt
resfriado - Erkältung
responder - antworten
responsável - verantwortlich
resposta - Antwort
ressaca - Kater (Suff)
resto - Rest
riacho - Bach
rico - reich
rio - Fluß
rir - lachen
rocha - Felsen
roda - Rad
rosa - Rose
roubo - Diebstahl; Raub
roupa - Wäsche
roupas - Kleider
rua - Straße (Stadt)

S

sábado - Sonnabend
sabão m - Seife
saber - wissen
sábio - klug
sabonete m - Seife
saboroso - schmackhaft
sacana m - Schwindler
saco - Tüte
sadio - gesund
saída - Abreise; Ausgang
sair - abfahren; aussteigen
sal m - Salz
salada - Salat
salário - Lohn
sandálias - Sandalen
sanduíche m - Sandwich
sangue m - Blut
sapateiro - Schuster
sapato - Schuh
satisfeito - satt; zufrieden
saúde w - Gesundheit
se - wenn
seco - trocken
secreto - geheim
segredo - Geheimnis
seguir - folgen
segunda-feira - Montag
segurar - (fest)halten
seguro - sicher
selva - Urwald
selvagem - wild
sem - ohne
sem dúvida - jedoch
sem vergonha - unverschämt
semana - Woche
sempre - immer
senhor m - Herr
senhora - Frau
sentar - setzen
sentido - Sinn
sentimento - Gefühl
sentir - fühlen
sentir falta de - (ver-)missen
ser - sein; werden
série - Folge
serviço - Dienst

seu - dein
significar - bedeuten
silêncio - Ruhe
silencioso - leise
sim - ja
simpático - nett
simples - leicht (einfach)
sinal - Verkehrsschild
sirí m - Krebs (Tier)
só - allein; nur
sob - unter
sobre - auf; über
sobretaxa - Zuschlag
socorro m - Hilfe
sofrer - leiden
sofrimento - Qual
sol m - Sonne
soldado - Soldat
solteiro - ledig
sombra - Schatten
somente - nur
sopa - Suppe
sorte w - Glück
sorvete m - Eis
sozinho - allein
suar - schwitzen
subir - einsteigen
subornar - bestechen
sucesso - Erfolg
suco - Saft
suficiente - genug
sujeira - Dreck
sul m - Süden
superstição w - Aberglauben
supor - vermuten
surpresa - Überraschung

T

talheres m - Besteck
talvez - vielleicht
também - auch
tanque m - Tank
tanto faz - egal
tão - so
tarde w - Nachmittag
taxa - Gebühr
taxa de câmbio - Wechselkurs
telhado - Dach
tempestade w - Sturm
tempo - Wetter; Zeit
tenda - Zelt
tentar - versuchen
tentativa - Versuch
ter - haben
terça-feira - Dienstag
terminar - beenden
terra - Erde
terras - Land
terreno - Gelände
terrível - schrecklich
tesão - geil
tesoura - Schere
tia - Tante
todos - alle
tomar - nehmen
tomar banho - Baden
torneira - Wasserhahn
tosse w - Husten
trabalhador - Arbeiter
trabalho - Arbeit
tráfego - Verkehr
trajeto - Strecke (Reise)
tranquilidade w - Ruhe
transferir - überweisen
trânsito - Verkehr
trapo - Lappen
travesseiro - (Kopf-)Kissen
trazer - bringen
trecho - Strecke (Stück)
treino - Übung
trem m - Zug; Eisenbahn
trepar - klettern
trigo - Weizen
triste - traurig
trocar - tauschen; Geld wechseln
tudo - alles

U

último - letzter; zuletzt
uma vez - einmal
úmido - feucht
urina - Urin
urinar - urinieren
usar - brauchen
usual - üblich

V

vaca - Kuh, Rind
vagabundo - Vagabund
vagina - Vagina
vale m - Tal
valor m - Wert
vapor m - Dampfer
vazio - leer
vela - Kerze; Segel
velho - alt
venda - Verkauf
vendedor m - Verkäufer
vento - Wind
ver - sehen
verdade w - Wahrheit
verdadeiro - wahr
verde - grün
verduras w - Gemüse
vergonha - Scham
verme m - Wurm
vermelho - rot
vestido - Kleid
vestir - anziehen
vez - mal
viagem w - Fahrt; Reise
viajante m - Reisender
viajar - fahren
vida - Leben
vidro - Glas
vinho - Wein
violentar - vergewaltigen
vir - kommen
visita - Besuch
visitar - besichtigen
viver - leben
víveres m - Lebensmittel
vivo - klug
vizinho - Nachbar
você - du
voltar - umkehren; wiederkommen
voz w - Stimme
vulgar - vulgär

X & Z

xadrez - Schach
xícara - Tasse
zero - Null
zorra - Radau

Der Autor

Clemens Schrage, Jahrgang 42, wurde in Köln geboren, ist aber in Brasilien aufgewachsen. Nach Diplom in Biologie und Spezialisierung in Pflanzenökologie unternahm er zahlreiche Forschungsreisen, unter anderem im Amazonasgebiet. Vorher, als Student, viele Reisen durch Brasilien und Lateinamerika mit wenig Geld. Danach zahlreiche Aufenthalte in verschiedenen Ländern: drei Jahre Israel, Algerien, Angola, Portugal u.a. Er lebt heute als Mitarbeiter einer Organisation der Entwicklungszusammenarbeit im Nordosten Brasiliens.